Mit Wärmedämmung Energie sparen

selbst ist der Mann

Mit Wärmedämmung Energie sparen

MOEWIG

Die in diesem Buch genannten und gezeigten Materialien und Werkzeuge sind in Bau- und Heimwerkermärkten sowie in Fachgeschäften erhältlich. Auf Herstellernachweise wurde deshalb verzichtet. Die Ratschläge und Empfehlungen dieses Buchs wurden von den Autoren und vom Verlag nach bestem Wissen und Gewissen erarbeitet und sorgfältig geprüft. Dennoch kann eine Garantie nicht übernommen werden. Eine Haftung der Autoren, des Verlags oder seiner Beauftragten für Personen-, Sach- oder Vermögensschäden ist ausgeschlossen. Es wird empfohlen, für gefährliche Arbeiten einen konzessionierten Handwerker hinzuzuziehen.
Abo-Service **selbst ist der Mann**: Tel. 0180/5301417

Abbildungen:
Redaktion „selbst ist der Mann", Köln

www.MOEWIG.de

Printed in Belgium
ISBN 3-8118-1727-2

Inhalt

Wärmedämmung

An diesen Stellen ist der Einbau von energiesparenden Dämmstoffen möglich

1 Über den Dachsparren
2 An der Fassade
3 Zwischen Kellerwand und Erdreich
4 Unter der Bodenplatte
5 Auf dem Boden unbewohnter Dachgeschosse und Spitzgiebel
6 Zwischen und unter den Dachsparren
7 Unter dem Estrich
8 An der Kellerdecke
9 Auf dem Flachdach
10 Unter dem Estrich bei nicht unterkellerten Räumen
11 An der Innenseite von Außenwänden

in Theorie und Praxis

Zuerst haben die drastisch gestiegenen Energiepreise für den Ruf nach besserer Wärmedämmung unserer Häuser und Wohnungen gesorgt. Mittlerweile weiß man, dass Einsparung von Heizenergie auch aktiven Umweltschutz bedeutet

Der so genannte Ölpreisschock hat in den 1970ern zum ersten Mal für eine nachhaltige Diskussion über das Energiesparen durch Verbesserung der Wärmedämmung unserer Häuser geführt. Heute steht neben dem Aspekt der Kosteneinsparung vor allem die Sorge um das Klima der Erde im Vordergrund. Das beim Verheizen fossiler Brennstoffe entstehende Kohlendioxid (CO_2) wird für die Klimaverschiebungen der letzten Jahrzehnte verantwortlich gemacht. Wenn wir durch verbesserte Wärmedämmung unserer Häuser den Verbrauch an Brennstoffen verringern, kann die als Treibhauseffekt bezeichnete Klimaveränderung gebremst werden.

Wer in einem gut gedämmten Haus wohnt, spart aber nicht nur Energiekosten und schont die Umwelt, sondern kommt auch in den Genuss eines angenehmen Wohnklimas, wie man es früher überhaupt nicht kannte. Energiesparende Wohnhäuser zeichnen sich durch gleichmäßige Temperaturen aus. Zuglufterscheinungen durch kalte Wände gibt es nicht. Auch Probleme mit Schimmelpilz sind unbekannt. Schimmel bildet sich nur an kalten Bauteilen (siehe auch Seite 9). Häuser, die über eine wärmedämmende Umhüllung verfügen, sind aber durch und durch gleichmäßig erwärmt. Im Winter ist es angenehm warm und im Sommer kühl.

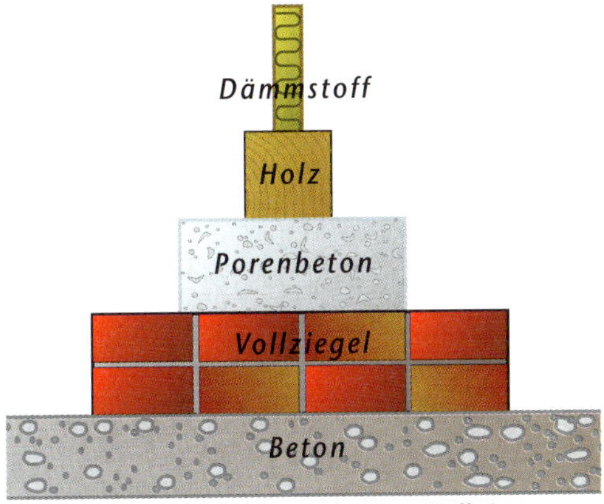

Die Wärmeleitfähigkeit verschiedener Stoffe im Vergleich. Bei extrem unterschiedlicher Dicke wird genau die gleiche Dämmwirkung erzielt

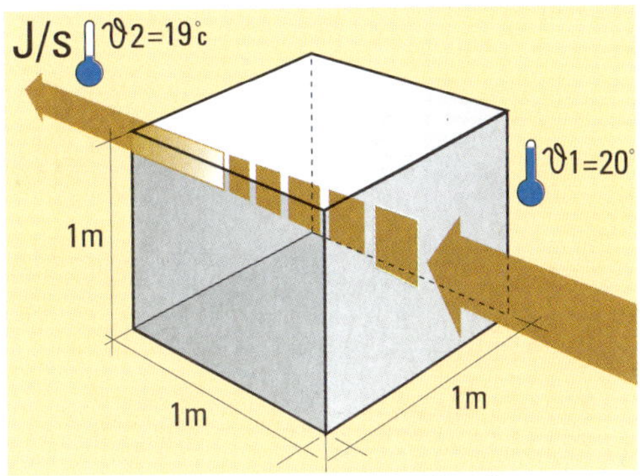

Die Wärmeleitfähigkeit eines Baustoffes gibt an, welche Wärmemenge (J) in einer Sekunde (s) durch 1 m² Fläche einer 1 m dicken Materialschicht bei 1 Kelvin Temperaturdifferenz hindurchgeleitet wird

WÄRMELEITFÄHIGKEIT λ

Baustoff	Rohdichte kg/m²	Wärmeleitzahl W/mk
Normalbeton	2500	2,1
KS-Lochstein	1000 bis 1400	0,44 bis 0,54
Lochziegel	800 bis 2000	0,4 bis 0,6
Porenbeton	500 bis 800	0,22 bis 0,29
Nadelholz	400 bis 600	0,13
Dämmstoffe	15 bis 700	0,020 bis 0,1

Je kleiner λ, desto besser die Dämmwirkung

Die unterschiedliche Wärmeleitfähigkeit bzw. Dämmwirkung von Baustoffen

Die durch wertvolle Heizenergie im Inneren unserer Häuser erzeugte Wärme hat immer das Bestreben nach einem Temperaturausgleich mit der kälteren Luft bzw. dem Erdreich, von dem die Häuser umgeben sind. Die aus Wänden, Dachflächen, Türen und Fenstern bestehende Außenhülle stellt dabei das Übergangsmedium dar. Wie schnell wie viel Wärme durch die Außenhülle abgeleitet wird, hängt von der spezifischen Wärmeleitfähigkeit der Baustoffe ab (siehe Grafik Seite 7 oben), aus denen die Außenhülle eines Hauses besteht. Sie wird mit der so genannten Wärmeleitzahl λ (lambda) beschrieben. Je kleiner die Wärmeleitzahl eines Baustoffes, desto besser seine Dämmwirkung (siehe Tabelle Seite 7 unten).

Stoffe mit einem dichten Gefüge leiten Wärme besser als leichte und poröse. Besonders schlechte Wärmeleiter sind Gase. Dämmstoffe haben daher eine Struktur, die durch viele kleine Hohlräume gekennzeichnet ist, in denen sich ruhende Luft befindet. Die mittlere Grafik auf Seite 7 zeigt die unterschiedliche Wärmeleitfähigkeit und damit auch Dämmwirkung gängiger Baustoffe sehr anschaulich. Bei massivem Beton muss die Schichtdicke ein Vielfaches von dem eines üblichen Dämmstoffes betragen, um Wärmeverluste gleich gut zu dämmen. Nach ihren λ-Werten werden Dämmstoffe in Wärmeleitfähigkeitsgruppen (WLG) von WLG 020 bis WLG 060 eingeteilt. Je niedriger die Werte, desto besser die Dämmung.

Wasserdampfdiffusion

In der Raumluft ist stets auch Wasserdampf enthalten. Je wärmer die Luft ist, desto mehr Wasserdampf kann sie aufnehmen. Wird die Sättigungsmenge überschritten, schlägt sich die Luftfeuchtigkeit als Kondenswasser an relativ kalten Bauteilen wie Fensterscheiben, Spiegeln etc. nieder. Im Winter ist die relative Luftfeuchte von Innen- und Außenluft fast immer sehr unterschiedlich. Dieses Druckgefälle veranlasst die Wasserdampfmoleküle, in die raumumhüllenden Bauteile einzudringen. Diesen Vorgang bezeichnet man als Dampfdiffusion. Manche Materialien setzen dem Wasserdampf wenig, andere mehr Widerstand entgegen. Die unterschiedliche Diffusionsfähigkeit wird mit der Diffusions-Widerstandszahl μ bezeichnet (siehe Tabelle rechte Seite oben).

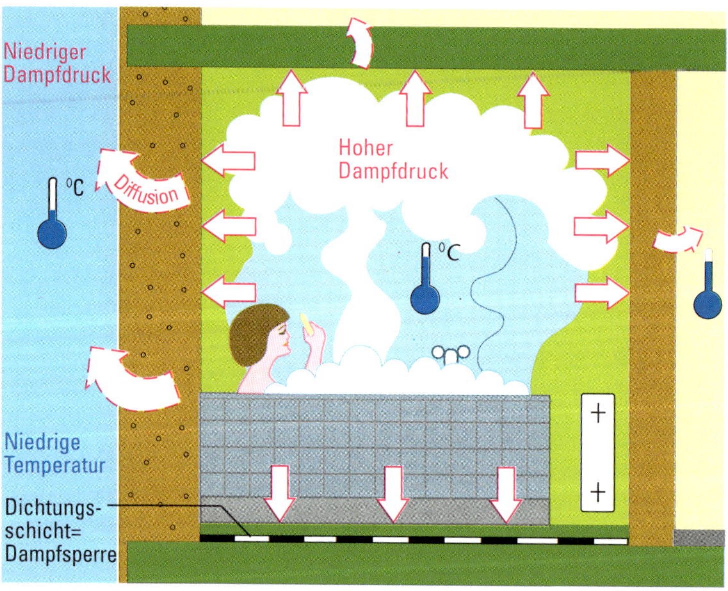

Wasserdampfdiffusion: Die in bewohnten Räumen durch Kochen, Baden und Atmung produzierten Wasserdampfmoleküle durchdringen auch feste Stoffe

Grundsätzlich ist die Diffusion unbedenklich. Probleme gibt es nur dann, wenn der Wasserdampf bei seiner Wanderung durch ein Bauteil einen Punkt erreicht, wo es so kalt ist, dass er kondensiert. Durch Kondensation am so genannten Taupunkt wird Mauerwerk oder zum Wandaufbau gehörender Dämmstoff feucht, und es kann zu schwerwiegenden Bauschäden kommen. Um solche Schäden zu vermeiden, müssen beispielsweise innen liegende Dämmschichten durch eine Dampfsperre – in der Regel eine relativ diffusionsdichte Folie – geschützt werden (siehe auch S. 63).

Allgemeine Anforderungen an Dämmstoffe

Bei der Wahl eines Dämmstoffes sollte man nur genormte oder bauaufsichtlich zugelassene Produkte wählen. Das Überwachungszeichen in Form eines großen „Ü“ auf der Verpackung gewährleistet eine gleich bleibende Produktqualität und die Erfüllung der Mindestanforderungen der DIN. Die Eignung eines Dämmstoffes für bestimmte Einsatzgebiete wird durch Kürzel angegeben (siehe Tabelle rechts). Der Code „Faserdämmstoff DIN 18165-MinP-W-035-A2-80“ beispielsweise bezeichnet einen der DIN 18165 entsprechenden mineralischen Faserdämmstoff in Plattenform (P) des Anwendungstyps W, Wärmeleitfähigkeitsgruppe 035, Baustoffklasse A2, in der Nenndicke von 80 mm.

Die Baustoffklassen teilen die Materialien nach ihrem Brandverhalten ein: In der Klasse A1/A2 findet man die „nichtbrennbaren“ Baustoffe, in B1 die „schwer entflammbaren“ und in B2 die „normal entflammbaren“.

DIFFUSIONSFÄHIGKEIT

Baustoff	μ-Wert
Ziegel	5 bis 10
Porenbeton	5 bis 10
Kalksandstein	5 bis 10
Holz	40
Normalbeton	70 bis 150
Bitumenbahnen	10000 bis 80000
Kunststofffolien	10000 bis 400000
Alufolie (>0,05 mm)	praktisch dampfdicht
Dämmstoffe	von 1 bis dampfdicht

Der μ-Wert beschreibt die Fähigkeit eines Stoffes, Wasserdampf weiterzuleiten. Hohe μ-Werte bedeuten hohen Diffusionswiderstand des Baustoffes

TYPKURZZEICHEN

Zeichen	Verwendung
W/WI	nicht druckbelastbar (Wände, Decken, zwischen Sparren)
WD	druckbelastbar (z. B. unter Böden ohne Trittschallanforderung)
WV	beanspruchbar auf Abreißfestigkeit (unter Putzfassaden)
T/T	Trittschalldämmstoffe (unter schwimmenden Estrichen)

DÄMMSTOFFEIGENSCHAFTEN

Dämmstoff	WLG	μ-Wert	Baustoffklasse
Holzwolle-Leichtbauplatten	90	2 bis 5	B1
Holzfaserplatten	45 bis 55	5 bis 10	B1/B2
Blähton	ab 070	2 bis 3	A1
Perlite (Schüttung)	45 bis 50	2 bis 3	A1
Korkdämmstoffe	40 bis 55	5 bis 10	B2
Zellulosefasern	40 bis 45	1 bis 1,5	B1/B2
Schaf-/Baumwolle	35 bis 40	1 bis 2	B2
Kokosfaser	45 bis 50	1	B2
Mineralfasern	35 bis 50	1	A1/A2/B1
Polystyrol (Styropor)	35 bis 40	20 bis 100	B1/B2
Polystyrol (extrudiertes)	30 bis 35	80 bis 250	B1/B2
Polyurethan	20 bis 35	30 bis 100	B1/B2
Schaumglas	45 bis 60	dampfdicht	A1

Dämmstoff-Eigenschaften: Wichtige Kriterien sind Wärmeleitfähigkeit (WLG), Diffusionswiderstand (μ) und Brandverhalten (Baustoffklasse)

9
8
7
3
6
14
5
4
1
3
2
1

Dämmstoffe und ihre Eigenschaften

Die Wärmeleitfähigkeit (WLV) sollte möglichst gering, der Diffusionswiderstand (DW) möglichst niedrig sein. Günstig sind nicht brennbare oder schwer entflammbare Dämmstoffe.

1 *Korkschrot aus Rinde; WLF: mittel; BW: gering; normal entflammbar; chemisch neutral, verrottungsfest; feinststaubfrei; jedoch geruchsintensiv*
2 *Blähton aus Tonkugeln; WLF: relativ hoch; DW: gering; unbrennbar; feuchtigkeitshemmend; raumklimatisierend*
3 *Holzfaserplatten aus einheimischen Weichhölzern und Naturharzen; WLF: mittel bis relativ hoch; DW: gering; normal entflammbar*
4 *Polystyrol-Platte aus Erdöl; WLF: gering; DW: hoch; schwer entflammbar; meist FCKW-frei; unverrottbar*
5 *Holzwolle-Leichtbauplatte aus Holz und Magnesit bzw. Zement; WLF: relativ hoch; DW: gering; schwer entflammbar*
6 *Korkplatte aus Rinde und eigenen Harzen; WLF: mittel; DW: gering bis hoch; normal entflammbar*
7 *Styroporplatte mit Holzwolle-Deckschichten; WLF: mittel; DW: hoch; feuchtigkeitsresistent; schwer entflammbar; verrottungsfest*
8 *Zellulose-Platte aus Zeitungspapier, Jute und Borsalzen; WLF: mittel; DW: gering; normal entflammbar*
9 *Baumwolle-Matte; WLF: mittel; DW: gering; feuchtigkeitsausgleichend; normal entflammbar; mottensicher*
10 *Kokosfaser-Matten aus Kokosnuss-Fasern und Ammoniumsulfat; WLF: gering; DW: gering; normal entflammbar*
11 *Schafwolle-Matten, z. T. mit Borsalzen, WLF: gering; DW: gering; normal entflammbar; mottenfest*
12 *Glaswolle-Matten, u. a. aus Altglas und Kunstharzen; WLF: gering; DW: gering; unbrennbar*
13 *Steinwolle-Matte, u. a. aus Gestein und Phenolharz; WLF: gering; DW: gering; unbrennbar; Krebsgefährdung durch Fasern nicht bewiesen (wie 12)*
14 *Zellulose-Flocken aus Zeitungspapier und Borsalz; WLF: mittel; DW: gering; normal entflammbar*
15 *Perlite aus vulkanischem Gestein und Kunstharzen; WLF: mittel bis relativ hoch; DW: gering; unbrennbar*

Wärmeschutzverordnungen zur Reduzierung des Energieverbrauchs

Vor dem Hintergrund steigender Energiepreise sowie wachsender Umweltbelastung durch CO_2-Emissionen wurde 1976 das erste „Gesetz zur Einsparung von Energie in Gebäuden“ formuliert. 1977 wurde die 1. Fassung der darauf basierenden Wärmeschutzverordnung (WSVO) erlassen. 1982 gab es eine Novellierung der WSVO, die dann als 2. WSVO 1984 in Kraft trat. Bis dahin wurden in der WSVO für bestimmte Bauteile wie Außenwände oder Dachflächen konkrete Mindest-Dämmwerte vorgeschrieben. 1994 stand wieder eine Novellierung an, die als 3. WSVO Anfang 1995 in Kraft trat. Wesentliche Neuerung war seinerzeit, dass neben die Dämmvorschriften für bestimmte Bauteile (Bauteilverfahren) ein Wärmebilanzverfahren eingeführt wurde. Danach dürfen neu erstellte Wohngebäude nur noch einen Heizenergieverbrauch von 54 bis 100 Kilowattstunden pro Quadratmeter Nutzfläche (kW/m²) und Jahr aufweisen.

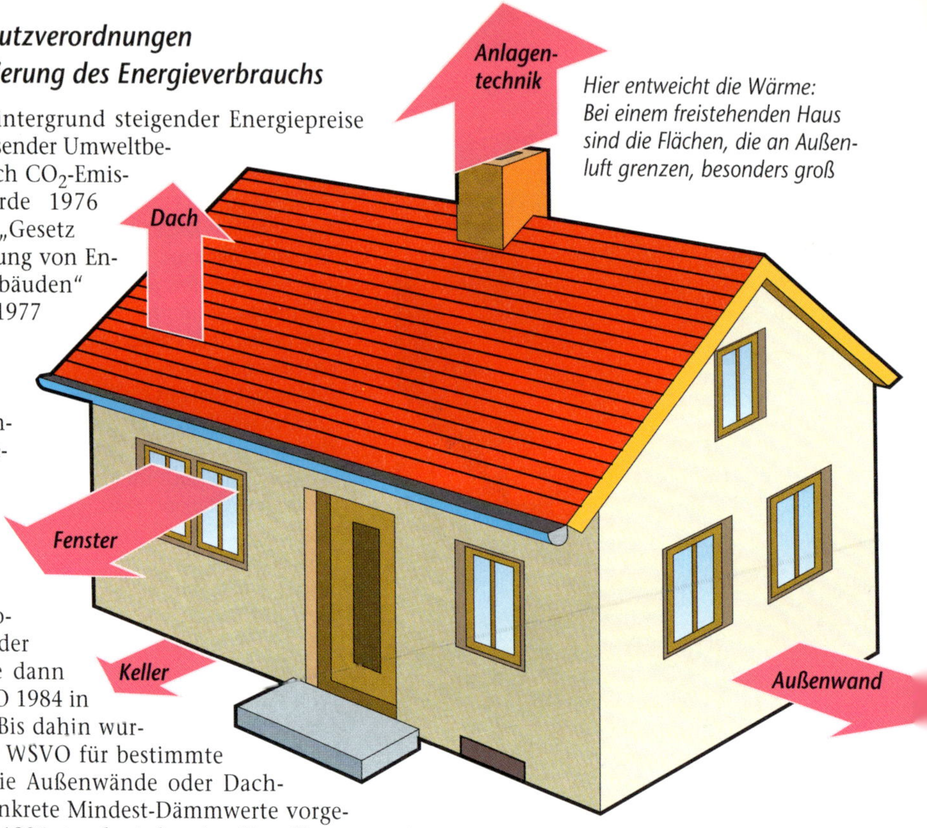

Hier entweicht die Wärme: Bei einem freistehenden Haus sind die Flächen, die an Außenluft grenzen, besonders groß

Bei der Energiebilanz eines Hauses, die der Architekt in einem so genannten Wärmepass (Wärmebedarfsausweis) erstellt, werden die Transmissionswärmeverluste (durch Außenwände, Fenster, Dach und Boden entweichende Wärme) und Lüftungsverluste um die passiven Gewinne an Solarenergie über die Glasflächen der Außenhaut und die internen Energiegewinne durch Wärmeabstrahlungen der Bewohner oder der Haushaltsgeräte vermindert. Wie der verbesserte Wärmeschutz konkret umgesetzt wird, bleibt dem Architekten überlassen. Ein- und Zweifamilienhäuser dürfen aber nach wie vor nach dem Bauteilverfahren geplant werden. Werden die dabei vorgesehenen k-Werte für Außenbauteile eingehalten, kommt man auf den maximalen jährlichen Energiebedarf von etwa 100 kW/m².

Der k-Wert (Wärmedurchgangskoeffizient) beschreibt den Wärmeverlust durch ein bestimmtes Bauteil. Er gibt an, welche Wärmemenge in W/(m²K) durch ein Bauteil von 1 m² Fläche

VORGESCHRIEBENE DÄMMWERTE

Bauteil	WSVO 1982: Anforderungen an Außenbauteile bei Änderung bestehender Gebäude		WSVO 1995: Anforderungen an Außenbauteile bei Änderung bestehender Gebäude		Niedrigenergiehaus gemäß Empfehlungen des Bauministeriums	
	k-Wert	Beispiel entspricht etwa	k-Wert	Beispiel entspricht etwa	k-Wert	Beispiel entspricht etwa
Außenwände (ohne Fenster)	0,60	30 cm Leicht-Hochlochziegel, 24 cm Gasbeton-Planböcke; 24 cm Bimsbeton-Vollblöcke	≤0,5	17,5 cm Mauerwerk + 6 cm Dämmung	0,30	49 cm Gasbeton-Planböcke; 49 cm Bimsbeton-Vollblöcke; 20–30 cm Mauerwerk + 8–10 cm Dämmung
Fenster	2,60	Holz- oder Kunststofffenster mit Zweischeiben-Isolierglas	1,8	Holz- oder Kunststofffenster mit Zweischeiben-Isolierglas	1,50	Holz- oder Kunststofffenster mit Zweischeiben-Isolierglas
Dächer, Dachdecken über Aufenthaltsräumen	0,45	8 cm Dämmung	≤0,3	10 cm Dämmung	0,20	12–13 cm Dämmung
Decken unter nicht ausgebauten Dachräumen	0,45	8 cm Dämmung auf Stahlbetondecke	≤0,3	10 cm Dämmung auf Stahlbetondecke	0,20	12 cm Dämmung auf Stahlbetondecke
Kellerdecken, Decken über kalten Räumen	0,70	3,5 cm Dämmung unter der Massivdecke	≤0,5	4–6 cm Dämmung unter der Massivdecke	0,40	6 cm Dämmung unter der Massivdecke
Decken über Durchfahrten und beheizten Garagen	0,45	8 cm Dämmung unter der Massivdecke	≤0,3	10 cm Dämmung unter der Massivdecke	0,25	12 cm Dämmung unter der Massivdecke
Fußböden und Wände, die an das Erdreich grenzen	0,70	5 cm Dämmung auf Schwerbeton	≤0,5	6 cm Dämmung auf Schwerbeton	0,45	7 cm Dämmung auf Schwerbeton
Innenwände gegen unbeheizte Räume	0,70	24 cm schweres Mauerwerk + 3,5 cm Dämmung	≤0,5	24 cm schweres Mauerwerk + 3,5 cm Dämmung	0,5	24 cm schweres Mauerwerk + 3,5 cm Dämmung

und einer bestimmten Dicke bei 1° Kelvin Temperaturunterschied hindurchfließt. Wichtig für den bauphysikalischen Laien: Je kleiner der k-Wert, desto besser ist ein Bauteil gedämmt.

Neben der WSVO gibt es seit 1988 Empfehlungen für den Dämmstandard so genannter Niedrigenergiehäuser, deren Heizenergiebedarf um etwa 30% unter dem normal gedämmter Häuser liegt. Niedrigenergiehäuser werden durch Zuschüsse und Steuervorteile gefördert.

Nach einer 3. Novellierung gilt ab 2002 die neue Energiesparverordnung (EnEV). Die EnEV fasst die WSVO von 1995 und die Heizungsanlagenverordnung von 1989 zusammen. Kernpunkt ist die deutliche Verbesserung der energetischen Qualität des gesamten Hauses, die Heizung, Lüftung, Warmwasserbereitung und Gebäudehülle umfasst. Ziel ist die Senkung des Heizenergiebedarfs bei Neubauten um weitere 30% gegenüber der 3. WSVO. Damit wird der Standard von Niedrigenergiehäusern allgemein erreicht.

Von der WSVO wie der neuen EnEV sind nicht nur Neubauten, sondern auch Althäuser betroffen. Sobald an bestehenden Gebäuden Modernisierungen durchgeführt werden, die mehr als 20% eines bestimmten Bauteils wie Außenwände oder Dachfläche betreffen, müssen bestimmte Mindest-Dämmwerte eingehalten werden. Wird ein Altbau um einen beheizten Raum von mehr als 10 m^2 erweitert, gelten allerdings automatisch die Anforderungen für Neubauten. Damit muss praktisch jeder Dachausbau nach dem Neubaustandard durchgeführt werden.

Thermografie macht es deutlich: Die Wärmebildkamera entlarvt die Schwachstellen, an denen ein Gebäude überdurchschnittlich viel Wärme verliert. Diese Bereiche sind gelb, rot und violett gefärbt

Die Praxis der Wärmedämmung

Die gesetzlichen Vorschriften zur Wärmedämmung haben die Bautechnik revolutioniert. Zahlreiche neue Produkte und Bautechniken wurden entwickelt. Gleichzeitig hat sich das Bewusstsein der Menschen grundlegend geändert. Die Einsparungen beim Einkauf der Heizenergie sind für viele schon Motivation genug, das Thema Wärmedämmung ernst zu nehmen. Mehr und mehr hat sich aber auch ein ganz neues Verantwortungsbewusstsein für die Umwelt entwickelt. Rund ein Drittel des gesamten Energiebedarfs entfällt bei uns nach wie vor auf die Heizung der Wohngebäude. Bessere Wärmedämmung kann diesen Anteil und die damit verbundene Umweltbelastung ganz erheblich vermindern. Bauherren und Modernisierer von Altbauten tun vor diesem Hintergrund vielfach bereits mehr, als der Gesetzgeber ihnen abverlangt. Ein neues oder modernisiertes Gebäude soll nach ihrem Verständnis nicht nur angenehmen Wohnkomfort bieten, sondern auch mit überdurchschnittlichen Wärmedämm-Werten aufwarten. Dafür ist man gern bereit, entsprechend mehr zu investieren.

Weil in kaum einem Bereich so viele Fehler gemacht werden wie beim Bauen, muss man heute als Bauherr oder Modernisierer allerdings über detaillierte Kenntnisse auch des Dämmens verfügen, wenn man ein Bauvorhaben erfolgreich und ohne Pannen realisieren will. Und wer Dämmmaßnahmen in Eigenleistung durchführen will, muss erst recht über Produkte, technische Lösungen und Arbeitstechniken Bescheid wissen.

Tatsache ist, dass viele Planer und vor allem ein großer Teil der Handwerker hinsichtlich zeitgemäßer Wärmedämmung nicht auf dem Laufenden sind. Beim Keller des Hauses geht es schon los: Wenn keine Wohnräume vorgesehen sind, wird so gut wie nichts hinsichtlich der Wärmedämmung vorgeschlagen. Dabei sind Material- und Arbeitsaufwand für eine so genannte Perimeterdämmung (Dämmung des Kellers gegen das

Perimeterdämmung:
1 Aufgeschüttetes Erdreich
2 Perimeter-Dämmplatten mit Nut und Feder
3 Kleber, z. B. auf Bitumenbasis
4 Bauwerksabdichtung
5 Kellerwand

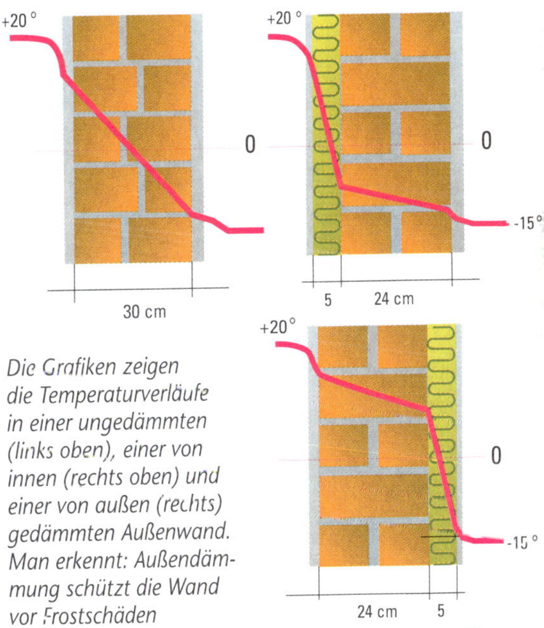

Die Grafiken zeigen die Temperaturverläufe in einer ungedämmten (links oben), einer von innen (rechts oben) und einer von außen (rechts) gedämmten Außenwand. Man erkennt: Außendämmung schützt die Wand vor Frostschäden

Erdreich) eher gering. Man hat aber die Option, nachträglich normal zu beheizende Wohnräume im Keller einzurichten.

Bei den Außenwänden wird bei den meisten Bauvorhaben gerade das eingeplant, was die WSVO vorschreibt. Dabei ist ein Mehr an Dämmschichtstärke nicht sehr teuer und macht sich schnell bezahlt. Kluge Bauherren orientieren sich längst am Standard für Niedrigenergiehäuser. Und wie wertvoll eine außen angebrachte Dämmschicht für ungedämmte Althäuser ist, machen die Grafiken auf der vorhergehenden Seite unten deutlich. Die dämmende Außenhülle verhindert den Wärmeabfluss und schützt das gesamte Mauerwerk vor Frost. Wenn ohnehin eine Renovierung der Fassade ansteht, sollte also unbedingt in einem Zug auch gedämmt werden.

Ganz besondere Bedeutung hat die Dämmung von Dächern. Sie erlaubt die Schaffung zusätzlicher Wohnfläche in bestehenden Gebäuden und senkt die Quadratmeterpreise beim Neubau. Das Dachgeschoss ungenutzt zu lassen, kann sich praktisch kein Bauherr mehr erlauben. Allerdings wird gerade beim Dachausbau oft vergessen, dass jedes Mehr an Dämmung nicht nur die Energiekosten senkt, sondern vor allem auch die Wohnqualität hebt. Schlafzimmer unter der Dachschräge sind bei Standarddämmung im Sommer oft unerträglich heiß. Die Bautechnik bietet hier mittlerweile aber Lösungen, die eine übermäßige Aufheizung des Daches vermeiden (siehe Seite 24, Stichwort Massivdach).

An letzter Stelle sollen in dieser Vorabübersicht (alle Details kommen in den Folgekapiteln) noch die Fenster angesprochen werden. Auch hier gilt: Fast alle Häuser werden heute mit Standard-Isolierglasfenstern ausgestattet. Man kann aber deutlich mehr tun. Wiederum nicht nur, um Energie zu sparen, sondern auch um im Sommer eine unerwünschte Aufheizung der Räume zu verhindern. Spezialgläser machen dies möglich.

Wärmedämm-Verbundsysteme, bei denen eine massive Außenwand, beispielsweise aus Kalksandsteinen, mit einer Hülle aus Hartschaumplatten versehen werden, sorgen für Energieeinsparungen und gutes Wohnklima

Wenn man die Dachschrägen mit massiven Bauteilen abdeckt (Massivdach), verhindert man, dass sich die Räume im Sommer übermäßig aufheizen

Wärmeschutzglas weist einen durchschnittlichen k-Wert von etwa 1,4 auf. Die Wärmestrahlen werden an der Innenseite in den Raum zurückgeworfen

Der Wärmegewinn, den man über Fenster und Glasanbauten wie diesen Wintergarten bei entsprechender Wärmeschutzverglasung erzielen kann, darf heute in die Wärmebilanz eines Hauses mit eingerechnet werden

Achtung!
Bauarbeiten

Energiesparendes Mauerwerk

Bei der Wahl des Wandbaustoffes fallen die wichtigsten Entscheidungen hinsichtlich der Wärmedämmung eines Hauses. Hier die wichtigsten Mauersteine im direkten Vergleich

Seitdem die Energiekosten bei uns drastisch in die Höhe gestiegen sind, haben die Wärmedämm-Eigenschaften der Wandbaustoffe erheblich an Bedeutung gewonnen. Der Gesetzgeber hat entsprechende Wärmeschutzverordnungen erlassen, die den für Außenwände benutzten Baustoffen bestimmte Mindestdämmwerte abverlangen (siehe Seite 13). Betrachtet man die verschiedenen bauphysikalischen Eigenschaften, mit denen der ideale Wandbaustoff aufwarten sollte, so ergeben sich zum Teil einander total widerstrebende Anforderungen, die von keinem Stein gleichzeitig erfüllt werden können.

Steine sollen hoch belastbar sein und gleichzeitig die Wärme im Haus halten

Zunächst soll der Stein den statischen Anforderungen gerecht werden. Dies wird in erster Linie durch schwere Materialien mit hoher Festigkeit erreicht. Solche Baustoffe weisen aber ausgesprochen ungünstige Wärmedämmeigenschaften auf. Baustoffe, die die Wärme im Haus halten, sind vielmehr leichte Materialien mit einem hohen Anteil an Lufteinschlüssen.

In der Bautechnik hat man aufgrund dieser Problematik zwei Wege eingeschlagen, um Wandbaustoffe zu entwickeln, die den heutigen Anforderungen genügen. Zum einen hat man statisch hochbelastbare und damit schwere Steine mit hochdämmenden Materialien in mehrschaligen Wandaufbauten kombiniert (siehe Seite 26). Zum anderen hat man auch Steine entwickelt, die beide Eigenschaften – nämlich Festigkeit und Wärmedämmung – in einem homogenen Baustoff vereinigen.

Mehrschalig konstruierte Wände mit einer massiven Innenseite und einer nach außen weisenden Dämmschicht weisen meist hervorragende bauphysikalische Werte auf, erfordern aber einen relativ hohen konstruktiven Aufwand. Wände aus einem homogenen Material, das sowohl der Statik genügt als auch befriedigende Dämmeigenschaften bietet, sind vom Material- und Arbeitsaufwand preiswerter, können zum Teil auch vom Selbstbauer gut verarbeitet werden und sind auf Dauer deutlich unproblematischer als Wände aus Mischmauerwerk.

Aus Ton gebrannte Ziegel

Ziegel werden aus Ton bei Temperaturen zwischen 900 und 1100 °C gebrannt. Dieser älteste Massivbaustoff weist eine hohe Rohdichte auf, ist damit sehr belastbar und bietet einen guten Schallschutz. Um auch eine befriedigende Wärmedämmung zu erzielen, müssen Ziegel aber mit anderen Steinen oder mit Dämmstoffen kombiniert werden. Nur so vermögen sie bei heute üblichen Wandstärken die Anforderungen der geltenden Wärmeschutzverordnung zu erfüllen. Daher werden Ziegel vornehmlich als Sichtschalung bei mehrschaligen Wandaufbauten eingesetzt.

Kalksandsteine

Die gräulich-weißen Kalksandsteine werden aus Kalk und quarzhaltigem Sand bei Temperaturen um 200 °C unter Dampfdruck gepresst. Der Ener-

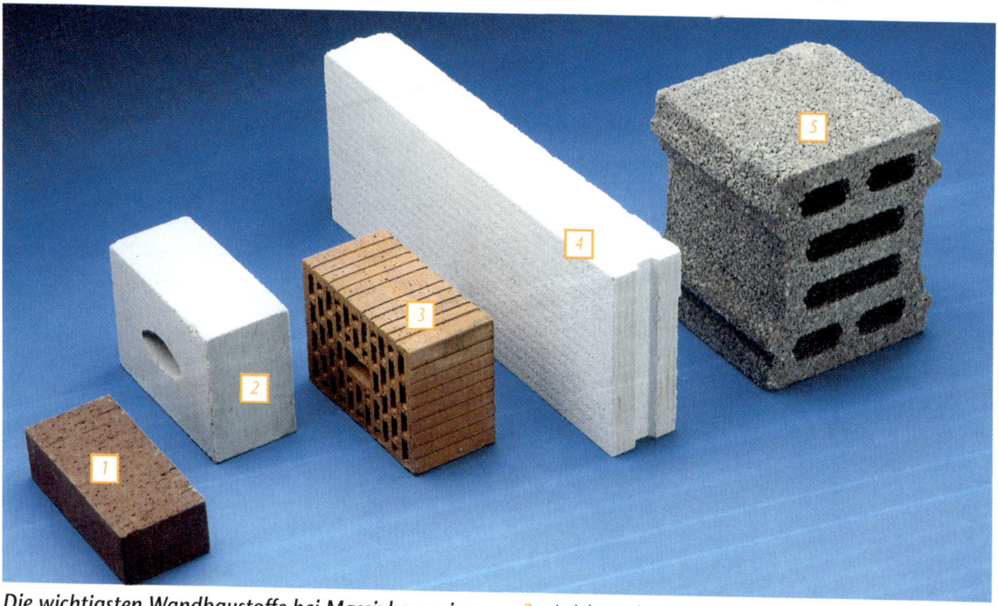

Die wichtigsten Wandbaustoffe bei Massivbauweise:
1 Ziegel;
2 Kalksandstein;
3 Leicht- oder Porenziegel;
4 Porenbeton;
5 Leicht- odert Bimsbeton

gieaufwand ist deutlich geringer als beim Brennen von Ziegeln. In Bezug auf Festigkeit und Schallschutz bieten diese vielseitigen Steine aber ebenso gute Werte.

Kalksandsteine werden wie Ziegel in Kombination mit anderen Baustoffen für tragende Wände und als Sichtmauerwerk eingesetzt. Besonders beliebt sind sie wegen ihrer hohen Masse für schalldämmende Zwischen- und Trennwände.

Leicht- oder Bimsbeton

Bei der Produktion von Leicht- bzw. Bimsbeton wird der natürliche Rohstoff Bims unter Zugabe von Zement zu Wandbausteinen geformt. Naturbims ist in Vulkanen bei über 1000 °C entstanden und aus dem Erdinneren herausgeschleudert worden. In sich abgeschlossene Poren in jedem Naturbimskorn bilden eine Vielzahl kleiner Luftpolster, die für gute Dämmeigenschaften des Materials als Mauerstein sorgen.

Leicht- oder Porenziegel

Diese Steine werden wie Ziegel gebrannt. Durch Zugabe von Sägespänen oder Styropor-Kügelchen erreicht man, dass sich im Ton wärmedämmende Luftkammern bilden. Großformatige Porenziegel können zu einschaligen Wänden vermauert werden, die ohne zusätzliche Dämmschichten die Forderungen der WSVO erfüllen.

Porenbeton

Porenbeton wird aus Sand, Kalk, Zement und Wasser unter Zugabe eines Treibmittels zu einem Stein mit wärmedämmenden Lufteinschlüssen und hoher Festigkeit aufgeschäumt. Der Energieverbrauch bei der Herstellung ist verhältnismäßig gering. Großformatige Planblöcke aus Porenbeton werden im Dünnbettverfahren mit Klebemörtel aufeinander gesetzt. Der Stein lässt sich leicht sägen und fräsen. Wände aus Porenbeton benötigen meist keine zusätzliche Wärmedämmung.

Leicht- oder Porenziegel vereinen die Festigkeit des gebrannten Ziegels mit den heutigen Anforderungen an die Wärmedämmung von Baustoffen

Porenbeton wird sowohl für wärmedämmende Außenwände als auch für leichte Trennwände eingesetzt. Die Steine lassen sich mit Dünnbettmörtel verkleben

1

Auf die Bodenplatte aus Beton kommt die erste Steinlage. Sie wird ins Mörtelbett gesetzt, damit Unebenheiten des Untergrunds ausgeglichen werden

2

Alle weiteren Steinlagen kann man dann mit Dünnbettmörtel verkleben. Der Mörtel wird mit einer Spezialkelle nur 1–2 mm dick aufgezogen

3

Die großformatigen Plansteine aus Porenbeton setzt man vorsichtig ins Kleberbett und richtet sie dann durch Schläge mit einem Gummihammer aus

Beim Bauen mit Porenbeton besteht das ganze Haus aus nur einem Material

Mischmauerwerk aus verschieden Steinarten führt, wie jeder Profi vom Bau bestätigen kann, unweigerlich zu Problemen und Folgeschäden. Überall, wo die unterschiedlichen Materialien zusammenstoßen, ist auch mit unterschiedlichem Ausdehnungsverhalten zu rechnen. Putzrisse oder sogar durchs gesamte Mauerwerk gehende Risse sind meist die Folge. Bestehen alle Steine vom Keller bis zum Dachgeschoss dagegen aus dem gleichen Grundmaterial, befindet man sich stets auf der sicheren Seite. Dabei kommen je nach Einsatz Steine verschiedener Formate sowie unterschiedlicher Festigkeitsklassen und Dämmwerte zur Verwendung.

Der Baufortschritt ist beim Verarbeiten von Plansteinen aus Porenbeton beachtlich. So müssen beispielsweise Stürze über Tür- und Fensteröffnungen nicht mehr individuell eingeschalt, mit Stahl bewehrt und vergossen werden. Der Selbstbauer legt die zum System gehörenden Fertigstürze über den Tür- und Fensteröffnungen auf und kann ohne Unterbrechung weitermauern. Was für die Fertigstürze gilt, gilt auch für die Massivtreppe. Die ebenfalls zum Bausatz gehörenden Treppenstufen sind aus Porenbeton gefertigt und schon ab Werk mit Baustahl bewehrt. Der Vorteil liegt auf der Hand: Eine solche Treppe ist sofort begehbar. Ebenfalls aus stahlbewehrtem Porenbeton bestehen die Elemente der Massivdecken. Sogar ein Massivdach aus Porenbeton ist möglich. Ein Massivdach hat den Vorteil, dass gegenüber der üblichen gedämmten Sparrenkonstruktion mehr Masse das Hausinnere unter der Dachschräge abschirmt. Im Sommer bleibt es unter dem Massivdach deutlich kühler als unter einem Sparrendach.

Beim Bauen mit Porenbeton kann man mit einer einschaligen Wandkonstruktion – einer innen und außen verputzten Mauer – die Forderungen der Wärmeschutzverordnung erfüllen.

Fertigteile verarbeiten

1

Zum Bausatz gehören Fertigstürze aus stahlbewehrtem Porenbeton, die man ganz einfach in den Mauerverband einfügt. Das spart eine Menge Arbeitszeit

2

Kein aufwändiges Einschalen und Ausgießen: Auch die Treppenstufen sind ab Werk individuell vorgefertigt und müssen nur noch aufeinander geklebt werden

3

Um Passsteine schnell und exakt zusägen zu können, kann man sich beim Bausatzlieferanten eine solche Bandsäge ausleihen. Sie schneidet alle Steinformate

4

Aufgrund ihrer guten Wärmedämm-Eigenschaften sind die großformatigen, bereits ab Werk bewehrten Deckenplatten die ideale Ergänzung zum Planstein

5

Die neuen Plansteine für die Wände des ersten Obergeschosses können direkt auf die Fertigdecke gelegt werden, und es kann sofort weitergearbeitet werden

Dachaufbau

1

An den tragenden, schrägen Wänden liegt später das Massivdach auf. Damit die Steine im richtigen Winkel zugeschnitten werden, spannt man ein Schnurgerüst

2

Die Wände des Dachgeschosses stehen. Sie werden im folgenden Montageschritt oben und an den Schrägen mit massiven Platten aus Porenbeton eingepackt

3

Die Platten des Massivdaches werden vom Kran auf die vorbereiteten Schrägen gesetzt. Die Elemente haben an den Stößen Nut und Feder

4

Nach und nach werden die Dachräume durch die System-Elemente eingeschlossen. Das Massivdach bietet optimalen Schall- und Wärmeschutz

5

Fast 12 m lange Sparren mit einem Firstbalken bilden die Unterkonstruktion für die konventionelle Dacheindeckung. Im Foto rechts der eingedeckte Rohbau

hebel
PLANSTEINE-W
Format 62,5/d/25

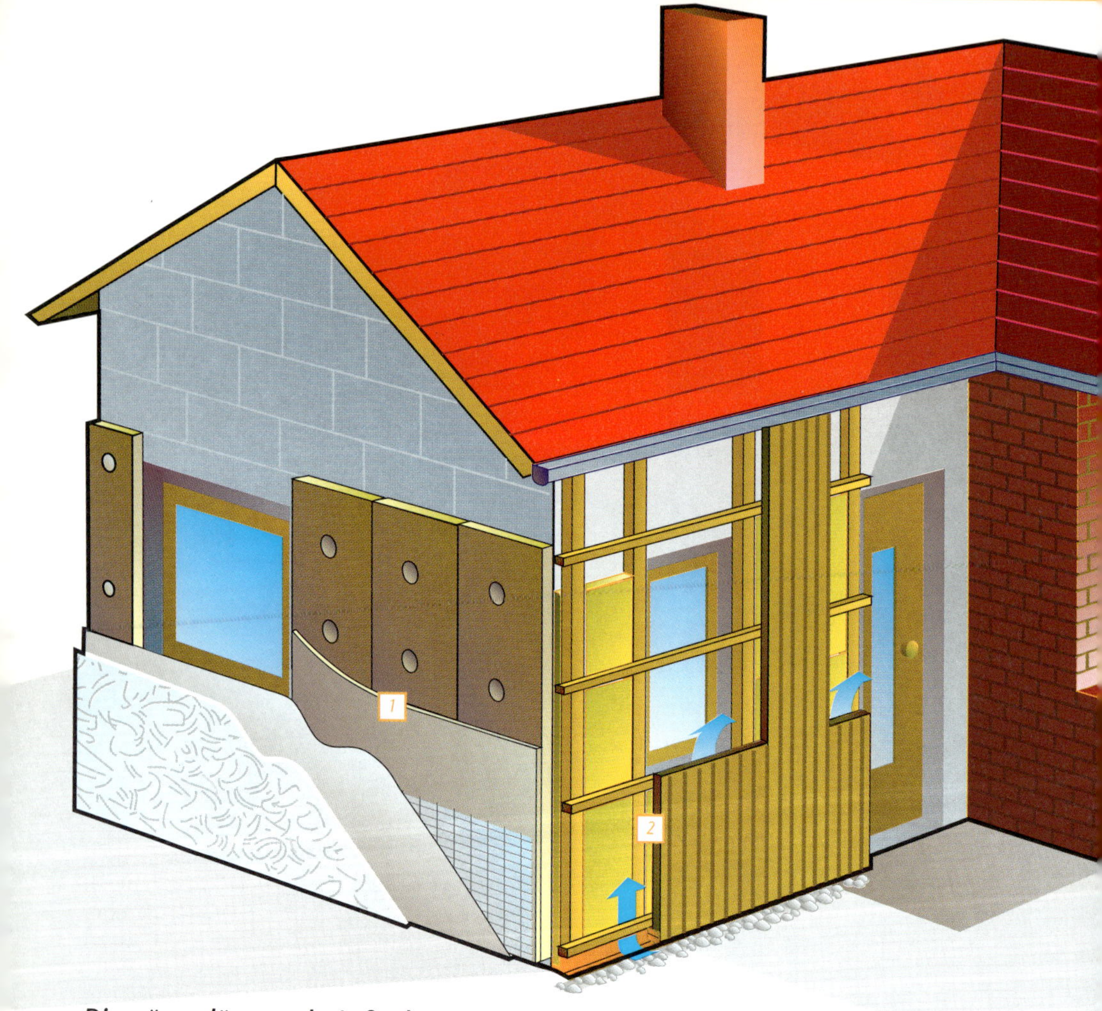

Die wärmedämmende Außenhaut kann unterschiedlich aufgebaut werden

1 *Wärmedämm-Verbundsystem aus Hartschaumplatten mit armiertem Putz*

2 *Außendämmung aus Mineralfaser oder Hartschaum hinter einer Holzschalung*

3 *Vor allem in Norddeutschland beliebt: Kerndämmung zwischen tragender Wand und vorgesetzter Klinkerschale*

Außenwände mit Zusatzdämmung

Mauersteine, die allein zu wenig an Wärmedämmung bringen, werden von außen warm eingepackt. Solche mehrschaligen Wände bringen die höchste Energieeinsparung

Wer als Bauherr mehr Wärmedämmung will, als der jeweilige Wandbaustoff in üblicher Mauerstärke bietet, der muss die Außenwände seines Hauses vom Keller bis zur Dachkante mit einer zusätzlichen Schutzhülle umgeben. Für die im Erdreich verborgenen Kellerwände benutzt man dabei spezielle Hartschaumplatten, die auf die Kellerabdichtung geklebt werden.

Tragendes Mauerwerk plus Dämmschicht

Die sichtbaren Außenwände des Hauses können auf verschiedene Art und Weise eingepackt werden. Auf der Innenseite des Wandaufbaus steht dabei das tragende Mauerwerk. Dann folgt die Dämmschicht, die durch vorgesetzte Klinker, eine Brett- bzw. Schindelfassade oder direkt aufgetragenen Putz vor der Witterung geschützt wird. Dieser so genannte mehrschalige Wandaufbau verlangt einigen konstruktiven Aufwand. Es können sich eher Baumängel einschleichen als bei einschaligen Wänden, die nur innen und außen verputzt werden. Dafür lassen sich Dämmwerte erreichen, die bei gleich dickem einschaligem Aufbau bei weitem nicht möglich sind. Man versucht bei der mehrschaligen Konstruktion, das massive tragende Mauerwerk so dünn und die Dämmung so dick wie möglich zu machen.

In dem mit Dichtschlämme vorbehandelten Winkel zwischen Bodenplatte und Mauerwerk wird eine Hohlkehle aus Sperrmörtel gebildet (Rundkelle benutzen)

Nachdem der Mörtel angezogen hat, wird die Fläche mit einer zweiten Lage Dichtschlämme beschichtet. Das Material mit dem Quast frisch in frisch auftragen

Nachdem die Hohlkehle vorbereitet ist, sprüht man den gesamten Keller mit einem zum Dichtsystem gehörenden Verkieselungsmittel ein

Effektive Wärmedämmung beginnt schon bei den Kellerwänden

Kellerwände sind oft feucht und kalt, weil beim Isolieren der Fundamente und der senkrechten Außenflächen fehlerhaft gearbeitet worden ist. Besonders kritisch ist der Winkel zwischen Bodenplatte und aufsteigendem Mauerwerk. Hier muss eine so genannte Hohlkehle aus Sperrmörtel angelegt werden. Anschließend trägt man eine Dichtschlämme auf und besprüht die gesamte Wand mit einem speziellen Verkieselungsmittel. Auf das so vorbereitete Mauerwerk wird im letzten Arbeitsgang eine Dickbeschichtung auf Bitumenbasis aufgezogen. Dieses Material wird verarbeitungsfertig in großen Eimern geliefert. Mit einer Glättkelle lässt es sich gut in gleichmäßiger Schichtstärke aufziehen. Es sollte nach Möglichkeit keine Ansätze geben. Also am besten den gesamten Keller in einem Zug beschichten.

Nach diesen Isolierungsarbeiten bleibt der Keller garantiert trocken, aber durch die massiven Steine zieht im Winter doch die Kälte ins Haus. Sobald Kellerräume zumindest teilweise beheizt werden sollen, um sie als Hobby-Werkstatt oder zum Feiern von Partys zu nutzen, muss man die Wärmeabgabe ans Erdreich eindämmen. Sind im Kellerbereich ständig bewohnte Räume vorgesehen, ist eine Dämmung durch die Wärmeschutzverordnung ohnehin vorgeschrieben.

Früher wurden beheizte Kellerräume meist durch eine innen liegende Dämmschicht geschützt. Bei fehlender oder mangelhafter Dampfsperre kann die innen liegende Dämmung allerdings feucht werden. Günstiger ist beim Keller wie auch bei oberirdischen Wänden die Anbringung der Dämmung auf der Außenseite. Heute stehen für diese Anwendung Dämmplatten aus besonders stabilem Hartschaum zur Verfügung, die auch im erdberührten Bereich problemlos eingesetzt werden können. Man klebt die mit Stufenfalzen versehenen Platten mit Batzen der Dichtbeschichtung direkt auf die Wand.

Letzter Arbeitsschritt der Isolierung ist das Aufziehen der Dickbeschichtung. Mit der Glättkelle wird das Material etwa 5 mm dick aufgetragen

Die Dämmplatten aus speziellem Hartschaum (hier 100 mm dick) kann man mit Batzen der Dickbeschichtung auf die isolierte Wand kleben

Ein umlaufender Stufenfalz sorgt dafür, dass die 600 x 1200 mm großen Platten fugendicht aneinander gestoßen werden können. Kreuzfugen vermeiden!

Ist die Dämmung angebracht, wird eine Dränageleitung verlegt und schließlich der Hohlraum mit Füllkies aufgeschüttet. Die Platten vertragen starken Erddruck

Ein Doppelhaus, das die hohen Anforderungen an Niedrigenergiehäuser erfüllt. Die Bauherren hatten sich für Porenziegel mit Klinkerfassade entschieden

Beim Kellermauerwerk aus 36,5 cm dicken Steinen musste noch in klassischer Weise mit Mörtel gemauert werden. Hier war professionelle Hilfe gefragt

Niedrigenergiehaus mit Porenziegeln und gedämmter Klinkerfassade

Porenziegel sind wie auch Porenbeton ein Wand-Baustoff, der bei Außenwänden ohne Zusatzdämmung die von der Wärmeschutzverordnung geforderten Dämmwerte erbringt. Immer mehr Bauherren wollen aber ein echtes Niedrigenergiehaus, das die Heizkosten gegenüber den gesetzlich geforderten Werten noch einmal deutlich senkt. Und wenn dann noch eine pflegeleichte und dauerhafte Klinkerfassade gewünscht wird, bietet sich die Kombination mit einer zusätzlichen Außendämmung geradezu an.

Beim hier vorgestellten Klinker-Doppelhaus hatten die Bauherren mehrere Gründe, sich für Porenziegel zu entscheiden: Zum einen wollte man einen natürlichen Baustoff, der ein angenehmes Raumklima garantiert, zum anderen sollte eine überdurchschnittlich gute Wärmedämmung möglich sein, um sich Fördermittel für Niedrigenergiehäuser sichern zu können. Außerdem durfte der Baustoff nicht zu teuer sein. Ganz im Vordergrund stand aber auch die Überlegung, einen Stein zu wählen, der sich durch ungeübte Selbstbauer problemlos verarbeiten lässt. Mit dem Poroton-Planziegel-System fand man moderne Ziegel, die sich im Dünnbett-Verfahren vermauern lassen. Außerdem gibt es im System-Baukasten Fertigstürze und Fertigdecken.

Wie beim zuvor vorgestellten Bauprojekt mit Porenbeton (siehe Seite 22) wird auch bei den Poroton-Planziegeln die erste Lage im Mörtelbett vermauert. Ab der zweiten Lage jedoch kann man die Plansteine verkleben. Den notwendigen Halt bietet dann ein millimeterdünn aufgezogener Spezialmörtel. Das Prinzip dieser Arbeitstechnik ist überzeugend: Man taucht die Steine mit ihrer Unterkante in den dünnflüssig angerührten Klebemörtel und setzt sie kantenbündig auf. Das ist überhaupt nicht schwierig, weil die Steine mit hoher Maßhaltigkeit produziert werden. Es sind praktisch überdimensionale Baukastensteine.

Mauern mit Klebetechnik

1 Fürs Erdgeschoss werden nur noch 24 cm dicke Plansteine verwendet. Nur die erste Lage wird dabei in ein Mörtelbett gesetzt und exakt höhengleich ausgerichtet

2 Bei den folgenden Schichten wird dann die Klebetechnik angewandt: Man taucht die Unterkante des Steins in den flüssigen Klebemörtel und setzt ihn dann auf

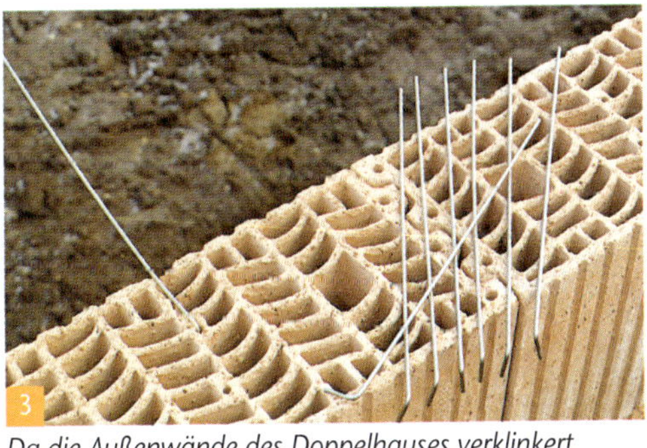

3 Da die Außenwände des Doppelhauses verklinkert werden sollten, mussten Drahtanker (5 Anker pro m^2) aus Nirosta-Stahl in die Fugen eingelegt werden

4 Bei Doppelhäusern ist auch der Schallschutz wichtig: Eingelegte Dämm-Matten entkoppeln die beiden Haushälften im Bereich der gemeinsamen Trennwand

5 Erdgeschoss und Obergeschoss stehen. Wie man sieht, wurden über den Fenstern und Türen Fertigstürze verwendet, die man in einem Zug mit vermauert

6 Der Rohbau mit gerade fertig gestelltem Dachstuhl. Nach dem Eindecken des Hauses geht es an die Dämmung und Verklinkerung der Fassade

Das Konzept des Niedrigenergiehauses sah eine 8 cm dicke Kerndämmung aus Mineralfaser im Hohlraum zwischen Außenmauern und Klinkerschale vor

Der Vormauermörtel, mit dem die Klinker vermauert und gleichzeitig verfugt werden, kommt aus dem Silo und gewährleistet eine konstante Farbqualität

Hochwertige Klinkersteine schützen die Dämmschicht vor der Witterung

Die beim Mauern der Außenwände eingesetzten Drahtanker werden nun nach vorn gebogen und durch die 8 cm dicken Dämmplatten aus Mineralfaser gesteckt. So ergibt sich eine nahtlose Umhüllung des gesamten Hauses. Anschließend schiebt man Tellerhülsen auf die Drähte, mit denen die Dämmplatten an die Wand gedrückt werden. Mit 2 cm Luftraum kommt dann das Klinkermauerwerk davor.

Das Setzen von Verblendmauerwerk stellt die hohe Kunst des Mauerns dar. Hier sollte sich der Selbstbauer aufs Zuschauen beschränken. Damit beim Verblenden keine unnötigen Arbeitspausen entstehen, sollte man mit vorgefertigten Stürzen arbeiten. Hersteller von Fertigstürzen produzieren solche Elemente projektbezogen passgenau nach den Zeichnungen des Architekten unter Verwendung der vorgesehenen Originalklinker.

Wenn mit Fugenglattstrich verklinkert wird, bleiben Verschmutzungen der Steine nicht aus. Beim Entfernen des Zements ist Sorgfalt geboten. Die Steine werden gründlich vorgenässt und dann mit einem Spezialreiniger eingesprüht. Der Belag löst sich dann und wird abgebürstet.

Die in die Außenwand eingelassenen Maueranker werden beim Verarbeiten durch die Dämmplatten gesteckt, umgebogen und in die Klinkerfuge eingelegt

Das Auftragen des Vormauermörtels erfolgt vollflächig. Ein nachträgliches Verfugen entfällt. Überflüssiger Mörtel wird mit der Kelle sorgfältig abgestrichen

5

Je nach Verband müssen halbe Steine vermauert werden. Die Verblender wurden mit Hilfe eines Nassschneiders genau auf Maß durchtrennt

6

Hat der Mörtel angezogen, kann verfugt werden. Dazu streicht man mit dem Fugeisen erst senkrecht, dann waagerecht über die Fugen und glättet den Mörtel

7

Zum Abschluss werden die vermörtelten Fugen mit einem weichen Handbesen abgefegt. Letzte Mörtelreste lassen sich so von der Wand entfernen

Zementflecken an der fertigen Klinkerwand müssen mit einem chemischen Reiniger entfernt werden. Das Mittel wird aufgesprüht und dann abgewaschen

Von außen angebrachte Dämmschichten lassen sich beispielsweise mit Profilbrettern verkleiden. Die Konterlattung sorgt für eine Hinterlüftung der Konstruktion

Hier wird ein Abschlussbrett auf eine bereits angebrachte Schalung geschraubt. Das Holz braucht dauerhaften Wetterschutz, am besten durch eine Lasur

Außendämmung mit vorgehängter Fassadenverkleidung

Die bauphysikalisch beste Methode, Außenwände zu dämmen, besteht darin, sie von außen mit dem Dämmstoff zu umhüllen. Bei der zuvor gezeigten Klinkerfassade mit Dämmung zwischen der tragenden Wand und den Klinkersteinen bildet die äußere Schale aus Stein den erforderlichen Wetterschutz der Dämmung. Man kann stattdessen aber auch eine weniger massive Schale aus Holz, Schiefer, Kunststoffschindeln etc. vor die Dämmung hängen.

Auf der Außenseite der Wand wird bei dieser Methode zunächst eine Lattung – die so genannte Grundlattung – angedübelt. Die Lattenstärke richtet sich nach der Dicke der vorgesehenen Dämmplatten, z. B. 6 cm. Man wählt als Lattenabstand die Breite der Dämmplatten, dies ist in der Regel 60 cm. Ob die Grundlattung waagerecht oder senkrecht befestigt wird, hängt davon ab, ob die äußere Verschalung senkrecht oder waagerecht angebracht werden soll. Für die in der Grafik links oben gezeigte Fassade aus quer liegenden Schalungsbrettern muss die Grundlattung ebenfalls waagerecht angeordnet werden.

Zwischen die Grundlattung klemmt man nun die Dämmplatten. Dies können Hartschaumplatten oder steife Mineralfaserplatten sein. Quer zur Grundlattung wird dann eine Konterlattung aufgeschraubt, die einerseits die Verschalung der Wand trägt und andererseits für einen Luftraum zwischen Dämmung und Außenschale sorgt. Dieser Luftraum wird am Sockel und am Dach mit einem Lüftungsgitter verschlossen, welches das Eindringen von Insekten verhindert. Feuchtigkeit, die bei der Bewitterung der Außenschale ins Material eindringt, oder Kondenswasser, das sich an deren Rückseite bildet, wird durch die Hinterlüftung nach oben abgeführt. Die Dämmschicht zwischen der Grundlattung ist so dauerhaft geschützt. Holzverschalungen müssen allerdings regelmäßig (etwa alle zwei Jahre) lasiert werden.

Wärmedämm-Verbundsysteme dämmen effektiv und sind preiswert

Um die von der Wärmeschutzverordnung geforderten Dämmwerte oder gar die von Niedrigenergiehäusern zu erreichen, müssen bei Wänden aus homogenen Baustoffen wie etwa Porenbeton oder Porenziegeln erhebliche Wanddicken realisiert werden. Für einen k-Wert von 0,3 (Niedrigenerhaus-Standard) muss eine Porenbetonwand beispielsweise rund 50 cm dick sein (siehe Tabelle Seite 13). Eine Kombination von Kalksandstein mit außen angebrachter Hartschaum-Dämmschicht schafft den gleichen Wert bei nur 30 cm Wandstärke.

Die massive Innenschale aus Kalksandstein, die ja keine wärmedämmende Funktion übernehmen muss, garantiert beim mehrschaligen Wandaufbau zudem einen wesentlich günstigeren Wert bei der Schalldämmung. Außerdem speichert der schwere Baustoff an der Rauminnenseite im Winter die Heizwärme und sorgt als Puffer für ein ausgeglichenes Raumklima.

Werden Hartschaumplatten auf die tragende Wand geklebt und von außen mit einem armierten Spezialputz versehen, entstehen gegenüber einer einschaligen Außenwand nur geringe Mehrkosten, die sich aufgrund des günstigeren k-Werts und der daraus resultierenden Energieeinsparung schon nach wenigen Jahren amortisieren.

Seit über 30 Jahren haben sich Wärmedämm-Verbundsysteme, wie man diese Form der Wärmedämmung nennt, bewährt. Die auf das Mauerwerk geklebten und zusätzlich abgedübelten Dämmplatten werden zum Schutz gegen Witterungseinflüsse, Durchnässung und mechanische Belastung außen mit einer speziellen Spachtelmasse beschichtet, in die man ein zum System gehörendes Glasseidengewebe einlegt. Nachdem sie durchgetrocknet ist, wird die Armierungsschicht grundiert und schließlich gestrichen oder mit einem Strukturputz endbeschichtet.

Montieren und verputzen

1

Den Wärmeschutzspachtel verwendet man auch als Dämmplattenkleber. Das Pulver mit Wasser mischen und auf den Plattenrückseiten verteilen

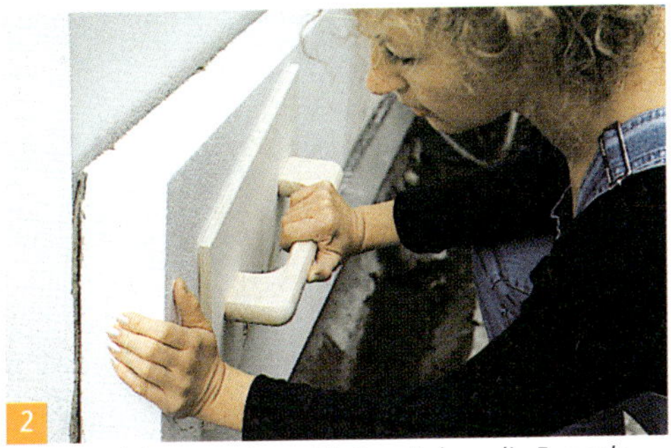

2

Die mit Kleber versehene Platte wird an die Fassade gesetzt und mit einem Reibebrett vollflächig angeklopft. Die nächsten Platten versetzt verkleben

3

Neben der Verklebung ist eine mechanische Sicherung der Platten erforderlich. Ein Tiefenanschlag an der Bohrmaschine garantiert gleichmäßig tiefe Bohrlöcher

Die Spreizdübel mit ihrem tellerförmigen Kopf flächenbündig einschlagen: je zwei Dübel an einer Platte und an jeder T-Fuge einen weiteren Dübel

Als Schutz an Hausecken, Fenster und Türlaibungen bettet man die Eckprofile mit der angesetzten Gewebearmierung in die frisch aufgezogene Spachtelmasse

So wird das Gewebe Bahn für Bahn handbreit überlappend in die frische Spachtelfläche eingebettet. Das Gewebe dabei stramm führen und den …

… durch die Maschen gedrückten, geschmeidigen Spachtel sorgfältig glätten. Anschließend noch eine zweite Lage aufziehen und wiederum glätten

Auf die mehrere Tage durchgehärtete Spachtellage trägt man vor Aufbringen des Oberputzes einen Voranstrich für Reibeputze mit einem Quast auf

Dann kann verputzt werden. Das Besondere an dem hier eingesetzten Putz: Er erhält gleich mit dem Aufziehen seine endgültige Kornstruktur

Die Vorteile des Wärmedämm-Verbundsystems liegen auf der Hand: Der Reibeputz schützt die Fassade vor Wind und Wetter, und die darunter liegende Dämmung senkt die Heizkosten

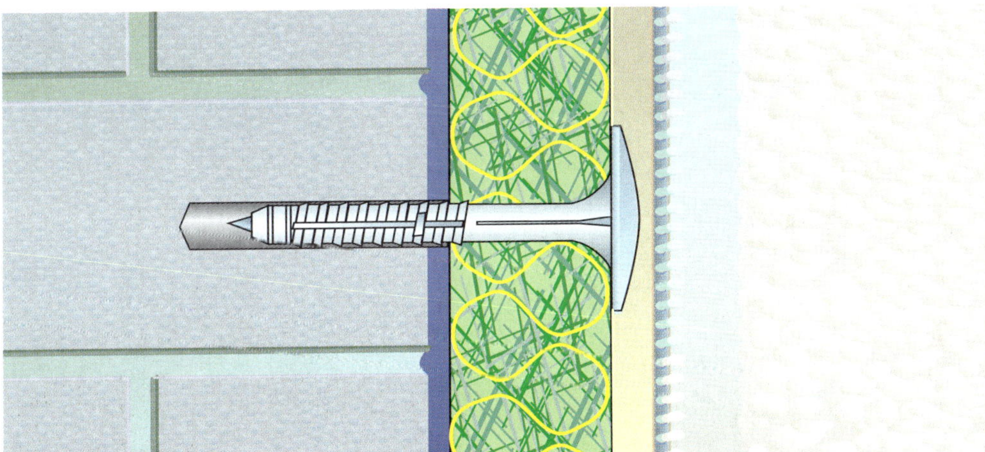

Ein Wärmedämm-Verbundsystem im Schnitt: Die Hartschaumplatten werden mit Spachtel und zusätzlich durch Dübel befestigt. Darauf kommt ein Grundputz mit Gewebeeinlage und schließlich ein Feinputz

Häuser aus

Hartschaum-Stecksystemen

Der Nachteil mehrschaliger Wandaufbauten liegt im konstruktiven Aufwand. Doch es gibt Stecksysteme zum Ausgießen mit Beton, die in einem Arbeitsgang tragende Wände mit überdurchschnittlicher Wärmedämmung entstehen lassen

Wer sich schon einmal als Freizeitmaurer versucht hat, der weiß, wie mühselig es ist, schwere Massiv-Bausteine im klassischen Mauerverband aufeinander zu setzen. Man braucht eine Menge handwerkliches Geschick und muss sich gehörig anstrengen. Vor diesem Hintergrund haben findige Bauprofis Schalungssysteme aus Hartschaum entwickelt, die man geschosshoch ineinander steckt, um sie anschließend komplett mit Beton zu vergießen.

Drei Vorteile machen die Schalungssysteme so attraktiv: Der Wandaufbau vollzieht sich blitzschnell und ohne große Muskelkräfte, der Betonkern der ausgegossenen Wände garantiert höchste statische Belastbarkeit, und die innen wie außen vorhandene Hartschaumschale stellt eine optimale Wärmedämmung dar, die andere Baustoffe bei weitem nicht erreichen. Vor allem der letzte Punkt gewinnt immer größere Bedeutung. Denn die Zukunft gehört Bausystemen, die mindestens den Standard von Niedrigenergiehäusern erreichen. Noch besser sind Dämmwerte, die eine konventionelle Heizung nahezu überflüssig machen. Man spricht dann von Passiv-Häusern (siehe auch Seite 90).

Hartschaum innen und außen

1 Das Steck-Element besteht aus der dickeren äußeren Schale, der inneren Schale und einem Verbindungsgitter, das als Abstandshalter aufgelegt wird

2 In großen Paketen werden die Teile angeliefert und auf der Bodenplatte gelagert. Sie wiegen nur wenige Kilogramm und lassen sich mühelos tragen

3 Man stellt zuerst die Schal-Elemente auf. Das dicke kommt wegen der Wärmedämmung nach außen, das dünnere gehört auf die Innenseite der Wand

4

Nun werden die Verbindungsgitter aufgelegt. Sie sorgen für den gewünschten Abstand zwischen den Schalungen und stabilisieren die Konstruktion

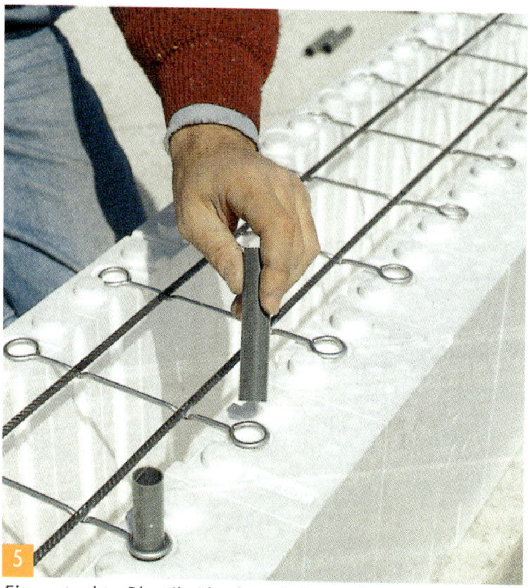
5

Eingesteckte Plastikröhrchen fixieren das Gitter und bilden gleichzeitig die Verbindung zum oberen Element, das unten entsprechende Aussparungen besitzt

6

So sieht eine nach innen abzweigende Wand aus. Abflussrohre werden so positioniert, dass sie unsichtbar im Inneren der Schalung verschwinden können

7

Winkelförmige Stahlstützen, die der Bauherr beim Systemanbieter leihen kann, sorgen dafür, dass die Wände beim Betonieren exakt senkrecht stehen

Ein Hartschaum-Stecksystem mit eingelegter Stahlarmierung

Beim hier gezeigten Schalungssystem sind die Teile der inneren und äußeren Schale zunächst nicht miteinander verbunden. Sie werden beim Aufbau durch Metallgitter aneinander gekoppelt. Die Stahlarmierung verleiht der Wand besonders hohe Stabilität, was beim Ausgießen von nicht zu unterschätzender Bedeutung ist. Schließlich werden die Wände geschosshoch errichtet und dann mit Lieferbeton gefüllt. Der frische Beton erzeugt enormen Druck, der von der Schalung aufgefangen werden muss.

Wenn der Rohbau eines solchen Hauses steht, kann man die äußere Hartschaumschale mit Putzsystemen versehen, wie sie auch für die so genannten Wärmedämm-Verbundsysteme angeboten werden (siehe Seiten 35–37). Aber auch Verklinkern ist problemlos möglich.

9

Unter die Stürze aus Stahlblech kommen spezielle Stützen, die den Druck des frischen Betons auffangen sollen. Diese Teile kann man ausleihen

8

Hier ist das Kellergeschoss des Hauses bereits komplett zusammengesteckt. In zwei Tagen lässt sich das ohne besondere Mühe auch von Anfängern schaffen

10

Wenn das Geschoss komplett vorbereitet ist, kann man den Lieferbeton bestellen. Nach und nach wird die Schalung damit bis an den oberen Rand gefüllt

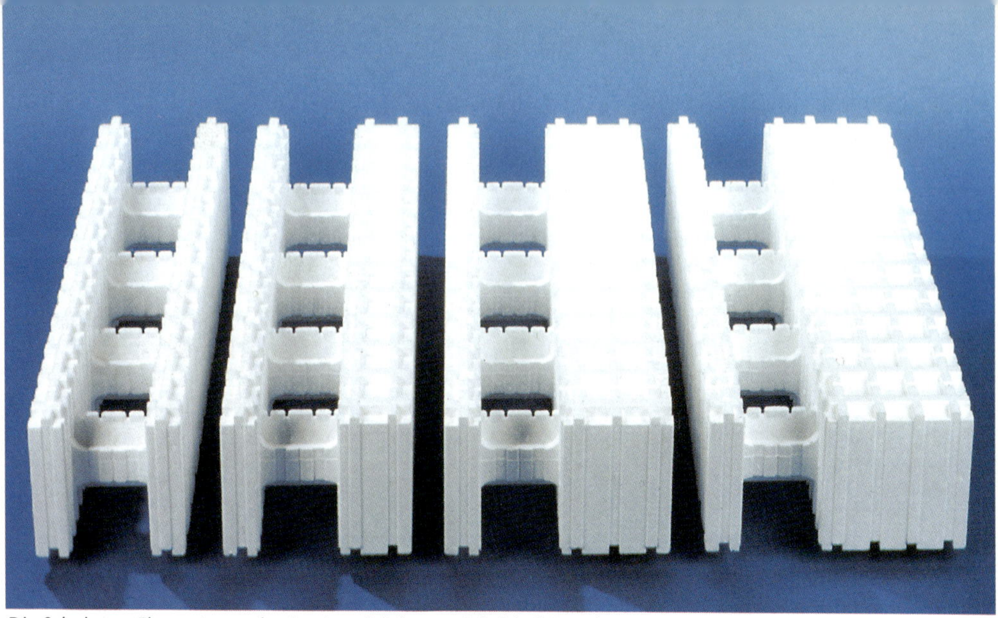

Die Schalungs-Elemente werden in einer Stärke von 25, 31, 37 und 43 cm angeboten. Die dickste Version bietet den k-Wert 0,11 Wm^2/K. Mit 43er-Steinen errichtete Häuser gelten als so genannte Passivhäuser, die im Winter praktisch ohne Zusatzheizung auskommen

Wie aus dem Legobaukasten: Steckelemente mit Super-Dämmeigenschaften

Das hier vorgestellte Schalungssystem besteht aus Steckelementen, bei denen innere und äußere Schale durch angegossene Stege miteinander verbunden sind. Noppen an der Oberseite und entsprechende Aussparungen unter den Elementen sorgen für ein passgenaues Zusammenstecken. Am Ende einer Reihe schiebt man jeweils ein Verschlussteil ein. Für Innenwände gibt es 25 dicke Steine. Die Außenwände werden je nach gewünschter Dämmstärke in 31, 37 oder 43 cm Dicke ausgeführt. Wie das Bild oben zeigt, ist der Hartschaummantel der Außenseite jeweils unterschiedlich dick.

Wenn beim Bauen Passstücke erforderlich sind, schneidet man die Hartschaum-Elemente mit einer Styropor-Spezialsäge durch. Auch geschwungene Wände sind bei diesem System überhaupt kein Problem. Es gibt fertige Bogenelemente.

Auch an Stürze hat man gedacht. Dafür wurden unten geschlossene Schalungssteine entwickelt, in die man je nach statischen Erfordernissen noch Stahlarmierungen einlegen kann. Komplettiert wird das System durch Treppenteile und Deckenelemente. Sogar Hartschaumelemente für eine Übersparrendämmung des Dachstuhls werden angeboten. So kann man das Haus rundum optimal einpacken, um Wärmeverluste zu reduzieren.

Die meisten Installationen verlegt man innerhalb der inneren Hartschaumschicht. Für Kabel beispielsweise stellt man die Schlitze mittels Glühdrahtschneider her. Abflussrohre kann man im Inneren der Schalung verschwinden lassen.

Die Innenwände werden entweder mit Dekorputzen versehen oder bekommen einen dünnen Gipsputz, auf den man dann tapezieren kann. Fliesen lassen sich sogar direkt auf die unverputzte Hartschaumschale kleben. Das spart Arbeit und Kosten beim Innenausbau.

1

Die Hartschaumelemente werden mit ihren Noppen und Aussparungen zusammengesteckt. So entsteht eine stabile Schalung für den späteren Betonkern

2

Erforderliche Passstücke stellen Sie mit Hilfe einer Spezialsäge her, die man ausleihen kann. Sie besitzt einen Glühdraht, der den Hartschaum sauber trennt

3

Öffnungen bei Wandenden (Tür- und Fensterlaibungen) sowie Eck- oder T-Verbindungen werden mit Endstücken versehen, die man von oben einschiebt

4

Auch geschwungene Wände sind im Gegensatz zum konventionellen Mauern kein Problem. Immer wieder heißt es einfach nur: zusammenstecken

5

Über Türen und Fenstern legt man solche Sturzelemente auf. Sie müssen bei größeren Spannweiten vor dem Betonieren unterstützt werden

7

Das Stecksystem erlaubt auch individuelle Türöffnungen: Für Bogentüren schneidet man die Schalung auf und legt einen Blechstreifen als Abschluss ein

6

Energiesparende Lösungen auch im Detail:
Der innen überstehende Fensteranschlag reduziert die sonst üblichen Wärmeverluste im Fensterbereich

8

So entsteht eine wärmebrückenfreie Deckenabschalung: Deckenabschlusssteine auflegen und mit Drahtarmierungen die Verbindung zum Beton herstellen

9

Die geschosshoch aufgesteckten Wände sollen beim Betonieren exakt senkrecht stehen. Daher fixiert man sie mit Richtstützen, die auch als Arbeitsbühne dienen

10

Wenn ein ganzes Geschoss errichtet ist, wird der Lieferbeton bestellt. Ein spezieller Prallstutzen hilft beim dosierten Verfüllen der Schalung

Decken- und Dachelemente

1

Die zum Baukasten gehörende Systemdecke besteht aus verzinkten Trägern und Füllkörpern aus Hartschaum. Die Hohlräume werden mit Beton ausgegossen

2

Fürs Dach gibt es spezielle Hartschaumplatten, die man auf den Sparren befestigt und dann direkt mit Standard-Dachsteinen aus Beton belegt

Holzhäuser sind Energiesparer

Kein anderer Wandbaustoff hat eine so gute Wärmedämmung wie Holz. Moderne Fachwerk- und Ständerbauweise kombiniert tragende Holzbalken zudem mit hochwertigen Dämmstoffen. Das Ergebnis sind Häuser, die mit ganz wenig Heizenergie auskommen

Bei klassischem Mauerwerk, das allein keine ausreichende Wärmedämmung bietet, werden, wie wir gesehen haben, an der Außenseite zusätzliche Dämmschichten angeordnet. Erst dieser so genannte mehrschalige Wandaufbau erreicht Dämmwerte, die bei Niedrigenergiehäusern verlangt werden.

Wer mit Holz baut, kann den gleichen Dämmeffekt bei im Vergleich viel dünneren Wandkonstruktionen erreichen. Man baut ein tragendes

Das Holzskelett des Fachwerkhauses steht. Der Raum zwischen den tragenden Balken wird später komplett mit Dämmplatten gefüllt

Holzverschalung

Zum Schutz gegen Fäulnis werden die Bretter der Außenverschalung vor der Montage grundiert. Zuletzt erfolgt eine Beschichtung mit farbiger Lasur

Sobald die gesamte Außenhaut des Fachwerkhauses wetterfest mit vorbehandelten Profilbrettern verkleidet ist, kann es an den Innenausbau gehen

Gerüst aus Balken und füllt ganz einfach die Zwischenräume der Konstruktion mit Dämmplatten aus. Bis auf die Balken, die auch schon recht gute Dämmwerte aufweisen, besteht dann praktisch die gesamte Wand aus Dämmung.

Wandstärke gleich Dämmstoffstärke

Bei Fachwerkhäusern besitzen die Balken meist quadratische Querschnitte von 14 bis 16 cm. Entsprechend dick ist die Dämmschicht. Bei Holzständerwerken werden die tragenden Hölzer als rechteckige Bohlen zugeschnitten und in einem von der Statik vorgegebenen Rastersystem angeordnet. Hier können die Wandstärken und damit die Dämmschichtstärken bis zu 20 cm oder noch mehr betragen.

Der einzige Nachteile von Wänden, die nur aus Holz und Dämmstoff bestehen, ist ihre relativ geringe Masse. Wenig Masse bedeutet auch schlechteren Schallschutz. Gleichzeitig fehlt die Pufferwirkung, die man von massiven Wänden kennt: Die speichern im Winter die Wärme und halten im Sommer das Gebäude kühl.

Der Schallschutz lässt sich bei Holzhäusern durch eine zusätzliche Innenschale an den Wänden verbessern. Das fehlende Speichervermögen der Wände kann man durch den Einbau einer Fußbodenheizung ausgleichen. Dann wird der gesamte Estrich aufgewärmt, der mit seiner Masse ebenfalls wie ein Puffer wirkt. Und gegen die Aufheizung der Raumluft in den heißen Monaten helfen große Dachüberstände, die bei steil stehender Sommersonne die Fenster vor direkter Einstrahlung abschirmen.

Holzhäuser in Fachwerk- oder Ständerbauweise sind optimal für Selbstbauer. Man lässt wie im hier vorgestellten Beispiel das Fachwerkgerüst komplett vom Zimmermann aufbauen und den Dachstuhl vom Dachdecker eindecken. Die anschließenden Ausbauarbeiten können dann sehr gut in Eigenleistung vollbracht werden.

Dämmung der Gefache

Die Fassade wurde mit Spanplatten beplankt und anschließend mit einer Brettschalung versehen. Es entstanden Gefache, die nun einzeln gedämmt werden

Von der Innenseite werden die passend zugeschnittene Dämmplatten eingefügt. Legen Sie zum Durchtrennen des Dämmmaterials eine Schiene an

Schneiden Sie die Platten mit etwas Übermaß zu. So erreichen Sie, dass das Dämmmaterial sich ohne Probleme in den Hohlräumen festklemmen lässt

Gefach für Gefach wird so die wärmende Außenhülle des Hauses aufgebaut. Trotz Wärmedämmung bleibt die optische Wirkung des Fachwerks erhalten

Eine PE-Baufolie dient hier als Dampfsperre. Sie wird nach und nach aufgetackert, wobei sie sich an den Verbindungsstellen etwas überlappen sollte

Ist die Folie angebracht, können die passgerecht zugeschnittenen Gipskartonplatten aufgesetzt werden. Die Balken des Fachwerks bleiben sichtbar

Leitungen in der Wand

1 Alle zum Dachgeschoss aufsteigenden Versorgungsleitungen wurden (schalldämmend befestigt) in die Fachwerkkonstruktion der Erdgeschosswände integriert

2 Alle Innenwände werden zunächst nur von einer Seite beplankt. Dann setzt der Elektriker seine Dosen und verlegt dazwischen die erforderlichen Leerrohre

Trennwandbau

1 Nachdem eine Seite mit Spanplatten beplankt ist, werden die Dämmplatten für den Schallschutz dicht aneinander stoßend in die Gefache gedrückt

2 Nun erfolgt die Verkleidung der zweiten Seite. Die Abstände der Balken wurden so gewählt, dass die Stöße der raumhohen Platten stets auf einem Balken liegen

Der Wohnbereich des Fachwerkhauses wird geprägt durch die Holzbalkendecke und die großen Glasfenster zum Garten

1

Im Werk des Herstellers vorgefertigte Komplett-Elemente werden mit dem Lkw angeliefert und vor Ort mit Hilfe eines Autokrans zusammengefügt

2

Beim Fachwerk-Fertighaus sind die Wände auch ohne Ausfachung voll belastbar. Wo die Holzkonstruktion geschlossen wird, entscheidet der Bauherr

3

Schon am zweiten Tag steht das Haus inklusive Dachstuhl und wird eingedeckt. Den Innenausbau kann der Bauherr in Eigenleistung durchführen

Auch Fertighäuser sind Holzhäuser mit überdurchschnittlicher Dämmung

Vorreiter in Sachen Wärmedämmung sind seit jeher die Fertighaushersteller. Beim klassischen Fertighaus bestehen die Außenwände aus einer innen und außen verkleideten Holzfachwerkkonstruktion. Eine Wand von insgesamt 24,5 cm Dicke beispielsweise besteht dann aus drei Schichten: der Außenverkleidung aus Putzträger und Putz (Stärke ca. 5,5 cm), der 16,5 cm starken tragenden Fachwerkkonstruktion aus Vollholzelementen (komplett mit Dämmmaterial ausgefüllt) sowie einer 2,5 cm starken Innenverkleidung. Mit diesem Wandaufbau erreicht man einen k-Wert von 0,25. Das Fertighaus ist also ein Niedrigenergiehaus. Die Außenwände von Fertighäusern sind in der Regel verputzt. Auf Wunsch können aber auch Klinkerschalen davor gesetzt werden. Dann lässt sich das Fertighaus nicht mehr von einem Massivhaus unterscheiden.

Das hier vorgestellte Fachwerkhaus ist ein Fertighaus, bei dem die tragende Holzkonstruktion sichtbar bleibt. Der gesamte Balkenquerschnitt von 160 mm wird mit Dämmplatten ausgefüllt. So erreicht man einen ähnlichen k-Wert wie bei der oben beschriebenen Wand. Die Dämmung besteht aus Hartschaum. Auf Wunsch werden aber auch aus Naturkork gepresste Platten geliefert, deren Dämmwerte allerdings ein wenig ungünstiger sind. Außen sorgt ein wetterfester Putz mit Armierung dafür, dass die Dämmung trocken bleibt.

Fast alle Fertighaushersteller bieten ihre Produkte auch als Ausbauhäuser an. In ein bis zwei Tagen wird ein solches Haus mit kompletter Außenhaut und Dacheindeckung aufgestellt. Anschließend kann man nach eigenem Zeitplan den Innenausbau realisieren. Alle Wände sind ab Werk nur einseitig beplankt. Man verlegt die Installationsleitungen, baut die Dämmplatten ein und schraubt dann die noch fehlenden Verkleidungen auf. Auch die Dachschrägen werden gedämmt und von innen mit Gipsplatten versehen.

Dämmarbeiten

Zwei Lagen Gipsfaserplatten bilden die Innenbekleidung der Balkenkonstruktion. Erst nachdem sie befestigt sind, geht es ans Ausfachen mit Dämmstoff

Für das hier gezeigte Fachwerkhaus wird eine dreilagige Ausfachung mit natürlichen Korkplatten angeboten. Die erste Schicht wird mit Halteleisten fixiert

Für die weiteren beiden Schichten zieht man Spezialkleber auf. Außen wird zuletzt ein wetterfester Außenputz mit Armierungsgewebe aufgebracht

Der komplette Innenausbau kann in Eigenleistung durchgeführt werden. Für die Dämmung des Daches sind Klemmfilze aus Mineralfaser vorgesehen

Wichtig bei der Dachdämmung: Innen muss eine Folie als Dampfbremse aufgetackert werden. Sie schützt die Dämmschicht vor eindringender Luftfeuchtigkeit

Zuletzt werden Dachflächen und Innenwände mit Gipsfaserplatten beplankt. Dieser Untergrund kann anschließend tapeziert, verputzt oder gefliest werden

VORHER

Dämmung für Althäuser

Ungedämmte Althauswände lassen teure Heizenergie entweichen. Wenn bei solchen Gebäuden die Fassade ohnehin renoviert werden muss, sollte man sich für ein System entscheiden, das in einem Zug auch für eine zeitgemäße Wärmedämmung sorgt. Wir zeigen beispielhafte Lösungen

Viele Besitzer von Altbauten mit marodem Außenputz und schlechter Wärmedämmung würden die Fassade ihres Hauses am liebsten hinter schicken Klinkerwänden verbergen. Ansprechende Optik, sehr guter Wärmeschutz und Langlebigkeit bei minimalem Pflegeaufwand sind die Gründe. Allerdings haben die Vorteile auch ihren Preis: Zwischen 110 und 150 Euro pro Quadratmeter Klinkerfassade muss man kalkulieren.

Isolierklinker mit eingebauter Dämmschicht für die Fassadenrenovierung

Bei der hier gezeigten Alternative lassen sich die Kosten durch eine deutlich einfachere Konstruktion sowie Eigenleistung ganz beträchtlich verringern. Die Polyurethan/Verblendklinker-Elemente, die sich nach dem Verfugen optisch kaum von einer massiven Klinkerwand unterscheiden, brauchen nämlich keine aufwändig betonierte Unterkonstruktion wie die gemauerte Vorsatzschale und können von geübten Heimwerkern durchaus selbst verarbeitet werden.

Das 139 x 71,5 cm große Standard-Element (vorn) wiegt rund 24 kg und lässt sich gut von einer Person verlegen. Dahinter sehen Sie die Formteile für Hausecken und Laibungen

Die Unterstützung durch den Fachmann lässt sich meist auf die Ermittlung des Materialbedarfs, die Einarbeitung und die Gerüstmontage beschränken. Abhängig von der Plattendicke sowie der Anzahl der Formteile betragen die Materialkosten 60 bis 80 Euro pro Quadratmeter. Das System ist für Außenwände aus allen gängigen Steinen geeignet.

Prüfen Sie zunächst den Verlegeuntergrund: Unebenheiten bis zu 1 cm sind tolerierbar. Kleinflächige konvexe Unebenheiten abstemmen, konkave aufputzen

Dann wird die Starterschiene für die erste Plattenreihe exakt waagerecht ausgerichtet und in der Hauswand verschraubt. Grundsätzlich beginnt man ...

... die Verlegearbeit an einer Hausecke. Bevor das erste Eck-Formteil lotrecht verdübelt wird, müssen die unten überstehenden Kanten der Platte mit ...

Die Klinkerelemente werden an das vorhandene Mauerwerk gedübelt

Die Isolierklinker-Elemente werden direkt in der tragenden Wand verdübelt. Wie bereits erwähnt, brauchen Sie am Sockel kein Auflagefundament anzulegen wie ansonsten bei einer nachträglich errichteten Vormauerschale erforderlich. Zudem können aufgrund der vergleichsweise geringen Plattenstärke teure Zusatzarbeiten oftmals entfallen, so z. B. eine Vergrößerung des Dachüberstandes. Auf diese Weise sparen Sie leicht zwischen 5.000 und 10.000 Euro ein. Sie brauchen zudem keine Baugenehmigung.

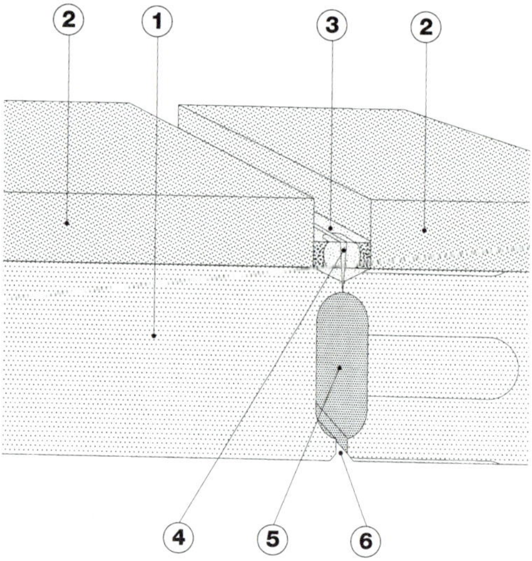

Patente Verbindung: Durch die ovale Kantenausbildung der Elemente entstehen bei der Verlegung zwischen den Platten kleine Kammern (5), die durch die dafür vorgesehenen Einspritzöffnungen (4) mit PU-Schaum gefüllt werden. Überschüssiger Schaum entweicht in den Hohlraum, der sich durch die angefasten wandseitigen Elementkanten bildet (6). Das inzwischen patentierte Verfahren gewährleistet einen homogenen, wärmebrückenfreien Plattenverbund. (2) gebrannte Klinkerriemchen, (1) Polyurethan-Hartschaum-Trägerplatte, (3) gesandete Fuge

… dem Winkelschleifer oder – wie hier demonstriert – mit einer ausleihbaren stationären Maschine gekappt werden, damit die erste Reihe vollflächig auf …

… dem Startprofil sitzt. Die Anzahl und Positionen der Dübelbefestigungen sind durch werkseitige Bohrungen in den Elementen bereits vorgegeben

Ein neues Klinker-Element muss stets vollflächig an das zuvor verlegte stoßen. Die zunächst nur provisorisch befestigte Platte horizontal und …

… nach vorn hin bündig ausrichten, bevor Sie die Schrauben der Dübel festdrehen. Dann die Plattenstöße ausschäumen und die Löcher mit …

… Kunststoff-Pfropfen verschließen. Etwaige Hohlräume aufgrund kleiner Unebenheiten der Wand gleicht man ebenfalls mit PU-Schaum aus

Bei Passstücken muss man die geraden Schnittkanten mit einem Spezialmesser oval ausschälen, wenn sich ein weiteres Element anschließt

Laibungen und Stürze

Wegen des bei Althäusern zumeist geringen Abstands zwischen Fensterrahmen und Laibungen bzw. Stürzen muss die Dämmschicht an diesen ...

... Formteilen oftmals einseitig mit einer Feinsäge herausgetrennt werden. Komprimiertes Schaumstoffband sorgt hier für dichte Anschlüsse

Die werkseitig auf Maß angefertigten Sturzprofile, die hier bis zur Balkonplatte reichen, machen zeitaufwändige Zuschnitte überflüssig

Auch der Mauervorsprung zwischen Terrassentür und Fenster ist mit einem eigens dafür angefertigten U-Profil ganz schnell verkleidet

Von der Giebelseite werden die Isolierklinker um die Hausecke zur Terrassenseite geführt. Der Fugenverlauf wird dann auf die nächste Hausecke übertragen

Bereits mit der geringsten Elementstärke von 60 mm (davon 44 mm Dämmschicht) ließen sich beim hier gezeigten Haus aus Bimsstein die heute geltenden Wärmeschutzanforderungen allemal erfüllen. Der Grund: das überdurchschnittlich gute Dämmvermögen von Polyurethan, aus dem die Trägerplatten gefertigt sind. Der k-Wert der beidseitig verputzten 24er-Wand reduzierte sich von 0,93 auf 0,39 W/m^2K.

Erhältlich sind die Systemelemente in fünf Stärken bis max. 90 mm (davon 74 mm Dämmung). Durch die ovale Kantenausbildung lassen sich die Plattenstöße bei der Montage hohlraumfrei ausschäumen, sodass Wärmebrücken vermieden werden. Problemzonen können allenfalls die Fensterlaibungen und Stürze bilden, denn die Abstände zum Fensterflügel sind in der Regel sehr knapp. Häufig muss hier der Dämmstoff an einem Schenkel der Laibungs-Elemente entfernt werden.

Für Platten-Zuschnitte eignet sich ein Winkelschleifer mit Diamant-Trennscheibe. Wenn eine weitere Platte an der Schnittkante anschließen soll, müssen die geraden Kanten wieder oval ausgeschält werden. Kappen Sie bei Vertikalschnitten die werkseitigen Klinkeraussparungen, so müssen Sie die halben Riemchen wieder ausklinken, damit der Läuferverband an den senkrechten Stößen nicht unterbrochen wird (vergleiche Bild 2 auf Seite 92). In die entstehenden Lücken klebt man die mitgelieferten Verbindungsriemchen – eine Arbeit, die von einem Helfer schon während der Plattenmontage erledigt werden kann. Frühestens zwei Tage nach Abschluss der Verkleidungsarbeiten können Sie mit dem Verfugen beginnen. Beim Fugenmörtel handelt es sich um eine Trockenmischung, die lediglich mit Wasser erdfeucht angemacht wird.

Wie oben erwähnt, sollten Sie den Materialbedarf von einem Fachmann ermitteln lassen, der das System kennt. So vermeiden Sie Fehlbestellungen und erleichtern sich die Arbeit durch die Verwendung speziell angefertigter Formteile.

Abschlussarbeiten

1

An den Plattenstößen werden die fehlenden Riemchen bündig zur Fassadenoberfläche eingeklebt, sodass sich ein durchgehender Läuferverband ergibt

2

Sind bei den individuell hergestellten Zuschnitten die werkseitigen Aussparungen weggefallen, bildet man sie durch Ausklinken der halben Riemchen neu aus

3

Der erdfeucht angemachte Fugenmörtel wird mit dem Fugeisen erst in die horizontalen, dann in die vertikalen Fugen eingearbeitet und glatt gezogen

Dämmplatten anbringen

Bei der untersten Reihe wird der Stufenfalz der Platten abgeschnitten. Dann zieht man den Klebemörtel auf und setzt die Platten auf die Sockelschiene

Um eine gute Klebeverbindung zu erzielen, drückt man die Platten zunächst gleichmäßig an und schiebt sie dann ein klein wenig hin und her

Zusätzlichen Halt bekommen die Dämmplatten durch spezielle Tellerdübel. Sie werden in die Bohrungen gesteckt und durch Hammerschläge fixiert

Wärmedämm-Verbundsysteme eignen sich auch für Althaus-Fassaden

Statt vorgefertigter Fassaden-Elemente kann man auf die Außenwände von Althäusern auch ein Wärmedämm-Verbundsystem aufbringen, wie es auf Seite 35 bereits vorgestellt wurde. Der alte Putz muss fest sein. Lose Teile werden abgeschlagen und die Fehlstellen beigeputzt. Dann bringt man die speziellen Hartschaumplatten an. Bei unregelmäßigen Untergründen gibt man den Klebemörtel in Batzen auf die Rückseite. Bei glatten Wänden kann man ihn auch mit einer extra groben Zahnkelle aufziehen. Zusätzlichen Halt geben spezielle Tellerdübel.

Beim hier gezeigten Beispiel wurde eine 6 cm dicke Dämmplatte gewählt. Sie verbesserte den k-Wert der Wand von 2,22 auf 0,53. Nachdem die Dämmschicht mit Putz und Armierungsgewebe versehen ist, kann man einen für Wärmedämm-Verbundsysteme geeigneten Feinputz auftragen. Wie Sie auf Seite 62 sehen, lässt sich die so vorbereitete Fläche aber auch mit 3 mm dicken Verblendern bekleben. So erhält man die Optik einer Klinkerfassade. Die Verblender gibt es in verschiedenen Farbtönen. Sie werden mit Dünnbettmörtel aufgeklebt. Dabei muss man immer von oben nach unten arbeiten, damit die bereits verklebten Reihen nicht verschmutzt werden.

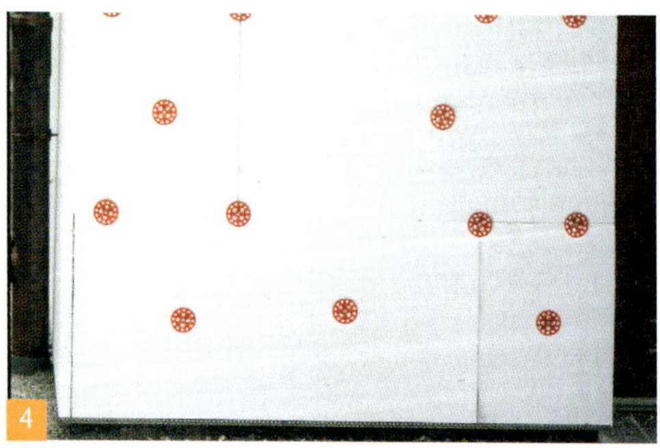

Mindestens acht Kunststoffdübel mit Tellerpllatte müssen pro Quadratmeter eingeschlagen werden, um die Vorsatzschale fest mit dem Mauerwerk zu verbinden

Verputzen und armieren

1

Besonders gefährdet durch mechanische Beeinträchtigungen sind die Hausecken. Daher werden hier Eckschutzwinkel in Klebemörtel angesetzt

2

Die gelochten Winkelprofile aus Edelstahl drückt man in das Bett aus dünn aufgezogenem Klebemörtel und richtet sie mit der Wasserwaage sorgfältig aus

3

Als Alternative zu den Eckschutzwinkeln bietet das hier gezeigte Verlegesystem auch Gewebewinkel für den mechanischen Schutz der Außenecken an

4

Wo sich im Bereich der Fenster- oder Türlaibungen zwei Außenecken treffen, wird zusätzlich ein Gewebestreifen schräg über den Winkel gelegt

5

Wenn die Ecken vorbereitet sind, geht es mit der Beschichtung der Fläche weiter. Man zieht den Kleber mit der Glättkelle gleichmäßig auf

6

In den frischen Kleberauftrag legen Sie nun das Gittergewebe ein und drücken es mit der Glättkelle fest. Die Gewebebahnen müssen etwa 10 cm überlappen

Verblender aufkleben

1 Ist die gesamte Wandfläche beschichtet und durch Gittergewebe armiert, können die Verblender aufgeklebt werden. Sechs Farbtöne stehen hier zur Auswahl

2 Um ein sauberes Bild mit gleichmäßigen Abständen zu erzielen, werden die einzelnen Reihen der Verblender an den Hausecken abgemessen und angerissen

3 Beim Kleben arbeitet man von oben nach unten, damit die bereits verklebten Reihen nicht verschmutzt werden. Dabei stets an den Außenecken beginnen

4 Die hier verwendeten nur 3 mm dicken Verblender bestehen aus mit Kunstharz gebundenen mineralischen Stoffen. Sie lassen sich mit der Schere durchtrennen

5 Der Klebemörtel wird stets vier Lagen breit aufgezogen und dann mit der Zahnkelle durchgekämmt. Man drückt die Verblender fest ins Mörtelbett

6 In den Fugen muss man den noch frischen Kleber mit einem schmalen Pinsel vorsichtig glatt streichen. So entsteht das Bild einer echten Klinkerfuge

Innendämmung für Wände, die außen nicht verkleidet werden können

Die auf den vorangegangenen Seiten gezeigten Methoden, Althäusern eine wärmende Außenhaut zu verpassen, sind bauphysikalisch optimal. Das gesamte Mauerwerk wird dabei eingehüllt und gleichzeitig vor der Witterung geschützt. Doch nicht immer lässt sich diese Lösung realisieren. Oft muss das äußere Erscheinungsbild einer Fassade unbedingt erhalten bleiben – bei alten Fachwerkhäusern oder denkmalgeschützten Stuckfassaden beispielsweise. Mitunter sind es aber auch die erheblich niedrigeren Kosten, die für eine innen angebrachte Dämmschicht sprechen.

Die Innendämmung hat aber auch Vorteile: Sanierungsbedürftige Wandoberflächen werden in einem Zug erneuert, und bei unregelmäßig genutzten Räumen ist die Aufheizzeit deutlich kürzer als bei Außendämmung. Die massiven Wände müssen sich nicht erst erwärmen.

Bauphysikalisch nicht unproblematisch ist die Innendämmung hinsichtlich der Dampfdiffusion. Wie die Zeichnung auf Seite 15 zeigt, können die Temperaturen an der Wandinnenseite in kalten Wintern bis 0 °C und tiefer fallen. Wenn unter diesen Umständen Wasserdampfmoleküle aus der warmen Raumluft, die das Bestreben haben, in den kühleren Bereich einzudringen (zu diffundieren), tatsächlich in die Dämmschicht gelangen, kondensieren sie dort am so genannten Taupunkt und durchfeuchten die Dämmung. Es ist dann nur eine Frage der Zeit, bis die Dämmwirkung der eingebauten Mineralfasern hin ist und die gesamte Verkleidung vor sich hin modert. Aus diesem Grund muss man an der Innenseite des Wandaufbaus eine Folie als Dampfbremse einbauen. Dabei ist größte Sorgfalt geboten, um Feuchteschäden sicher auszuschließen.

Weniger problematisch sind Innendämmungen mit Verbundplatten aus Gipskarton und Hartschaumrücken. Der Hartschaum hat eine höhere

Metallständerwerk aufbauen

1 Richten Sie die U-förmigen Bodenprofile gerade an der Wand aus, und legen Sie Mineralwolle-Streifen darunter. Jetzt kann das Profil verdübelt werden.

2 Zwei provisorisch aufgestellte senkrechte Profile helfen bei der Ermittlung der richtigen Position für das Deckenprofil, das ebenfalls verschraubt wird

3 Nachdem Sie die vertikalen Profile im Abstand der Dämmplattenbreite positioniert haben, verbinden Sie diese mit dem Boden- und dem Deckenprofil

Dämmstoff einbauen

1 *Die gut wärmeleitenden Metallständer müssen mit Dämmstreifen hinterfüttert werden, damit die Raumwärme an diesen Stellen nicht entweichen kann*

2 *Anschließend geht es an das Dämmen der Gefache. Die Mineralwolleplatten sind elastisch und lassen sich völlig problemlos zwischen die Profile klemmen*

3 *Um die Platten durchzutrennen, brauchen Sie ein scharfes Messer. Legen Sie eine Schiene an, und ziehen Sie die Klinge in einem Zug fest durch*

Diffusionsdichte als Mineralfaserdämmung. Verbundplatten werden direkt auf der Wand punktförmig verklebt. Nachteile dieser Lösung: Der Schallschutz kann sich verschlechtern, und man hat keine Möglichkeit, hinter den Platten neue Leitungen zu verlegen.

Die hier gezeigte Konstruktion mit einem Ständerwerk aus Stahlblech-Profilen verbessert Schallschutz und Wärmedämmung, begradigt krumme Wände und bietet die Möglichkeit, im Hohlraum der Wand zusätzliche Elektroleitungen zu verlegen. Die Innenseite aus Gipskarton kann tapeziert, verputzt oder gefliest werden.

4 *Auch in den Ecken Wärmebrücken vermeiden: Die Eckprofile werden so montiert, dass in der Ecke ein Hohlraum entsteht. Diesen mit Dämmmaterial ausfüttern*

5 *Werden neue Heizkörper installiert, achten Sie darauf, dass der Abstand zur Wand ausreichend groß ist, um noch eine Dämmschicht dazwischenzusetzen*

Dampfbremsfolie einbauen

Die Dampfbremsfolie verhindert das Eindringen von Luftfeuchtigkeit in die gedämmte Wand. Versehen Sie das Deckenprofil mit doppelseitigem Klebeband

Abschnittsweise kann die Folie nun vom Schutzpapier entfernt werden. Sie wird locker angeklebt. Pro Gefach sollten etwa 3 cm Überbreite eingeplant werden

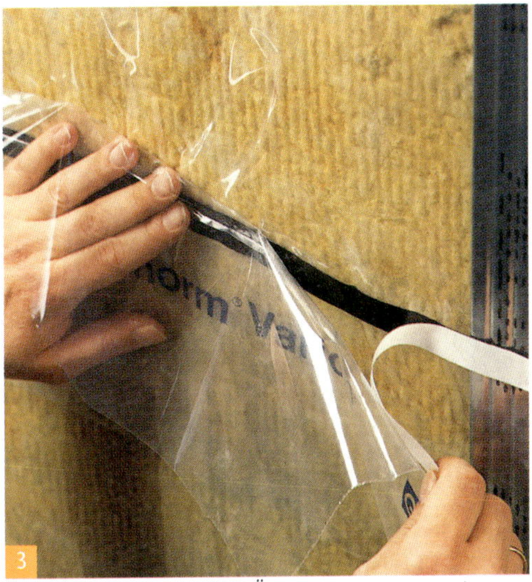

Die Folienstreifen an den Überlappungsstellen ebenfalls mit Klebefolie verbinden, so dass eine geschlossene, dampfundurchlässige Folienfläche entsteht

Jetzt geht es an das Verschrauben der Gipskartonplatten. Man setzt sie quer zu den senkrechten Ständern an und dreht selbstschneidende Spezialschrauben ein

Montageschritte

Zur Montage hängt man die Fensterflügel aus. Ohne Scheiben wiegen die Kunststoffrahmen nicht viel. Sie lassen sich gut in die Maueröffnung einsetzen

Zunächst wird der Rahmen grob ausgerichtet und an allen vier Ecken mit Holzkeilen fixiert. Dann prüft man mit der Wasserwaage, ob korrigiert werden muss

Rechts und links muss der Rahmen gleich weit von den Klinkersteinen der Laibung überdeckt werden. Dies wird mit dem Zollstock nachgemessen

Neue Fenster einbauen

Effektive Wärmedämmung muss alle potenziellen Schwachpunkte eines Hauses erfassen. Dazu gehören neben den Außenwänden und den Dachflächen selbstverständlich auch die Fenster. Rund 27% der Wärmeverluste gehen im Schnitt über die Glasflächen verloren, bei den Außenwänden sind es dagegen nur 24%.

Fensterrahmen bestehen aus Holz, Kunststoff oder Aluminium. Im privaten Wohnungsbau dominieren Holz und Kunststoff, wobei letzterer überwiegt. Kunststofffenster sind preiswerter als solche aus Holz, lassen sich leichter pflegen, brauchen keine Anstriche und haben eine Lebensdauer von 40–50 Jahren. Mittlerweile sind die Kunststoffprofile auch in vielen Farben erhältlich. Das Material ist komplett durchgefärbt, sodass auch hier keine Renovierungsanstriche nötig werden.

Bei Rahmenprofilen und Beschlägen gibt es riesige Qualitätsunterschiede. Preiswerte Fenster aus dem Baumarkt müssen nicht schlecht sein, man sollte sie aber auf jeden Fall einmal mit Markenprodukten vergleichen. Was viele Bauherren sträflich vernachlässigen, ist der Sicherheitsaspekt: Im Erdgeschoss sind Fenster und vor allem die Fenstertüren an Terrassen und Balkonen der bevorzugte Einstiegsweg für Einbrecher. Die üblichen Beschläge mit Rollenzapfen lassen sich in Sekunden aufhebeln. Man ist daher gut beraten, wenn man die neuen Fenster in einer aufbruchgeschützten Version mit so genannten Pilzkopfbeschlägen bestellt. Das Geld dafür ist gut investiert, zumal später montierte Nachrüstsicherungen mindestens ebenso teuer sind, die Handhabung der Fenster erschweren und als hässliche Fremdkörper ins Auge fallen.

Die Wärmedämmung eines Fensters hängt in erster Linie vom gewählten Isolierglas ab. Die Standardausführung biete einen k-Wert von etwa 3,0 und kostet rund 90 Euro pro Quadratmeter. Wärmeschutzgläser bieten k-Werte von 1,4 bis 1,1 und kosten etwa 190 Euro pro Quadratmeter.

4

Erst wenn der Rahmen lot- und waagerecht exakt ausgerichtet und verkeilt ist, verdübeln Sie die vorher am Rahmen festgeschraubten Maueranker in der Laibung

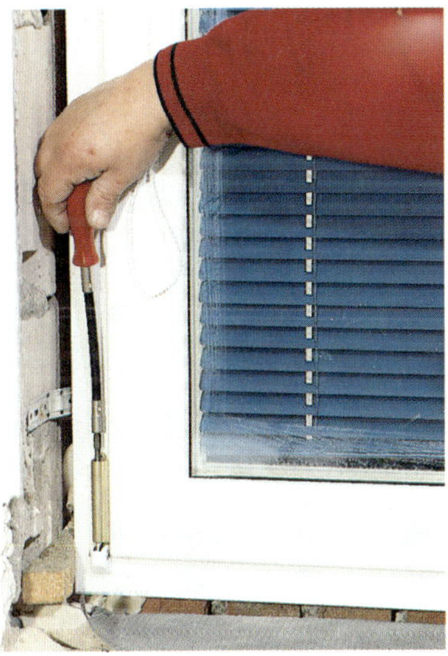

5

Nun werden die Flügel wieder eingehängt und mit Hilfe eines Inbusschlüssels ausgerichtet, bis sie sich problemlos öffnen und schließen lassen

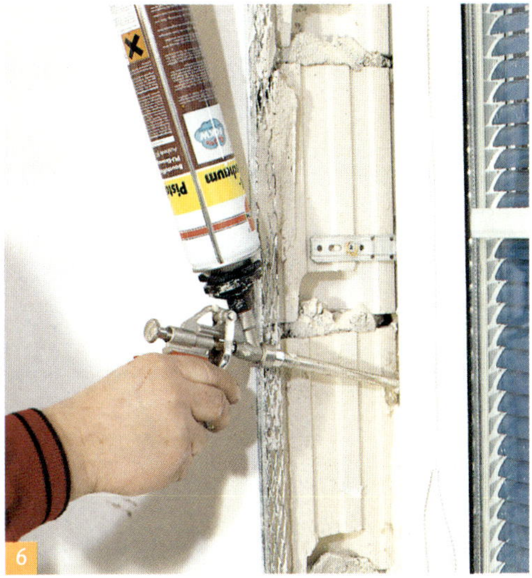

6

Durch Montageschaum, den man in die Ritze zwischen Rahmen und Mauerwerk spritzt, wird das Fenster nun dauerhaft in seiner Position verankert

7

Jetzt müssen Sie nur noch die Beschläge des neuen Fensters befestigen. Die Halteschrauben der Griffe befinden sich unter den drehbaren Manschetten

Dachdämmung – Produkte und Anwendungen

Beim Ausbau des Dachgeschosses können Sie den Wärmeschutz Ihres Hauses deutlich verbessern. Wir zeigen Ihnen die wichtigsten Dämmstoffe und Verarbeitungstechniken

Bei Neubauten ist es heute praktisch Standard, dass das Dachgeschoss vollständig zu Wohnzwecken genutzt wird. Und die Besitzer von Althäusern gehen auch mehr und mehr dazu über, ungenutzte Ausbaureserven unter den Dachschrägen für zusätzlichen Wohnraum zu erschließen.

In beiden Fällen gilt, dass die Vorgaben der Wärmeschutzverordnung eingehalten werden müssen. Für Altbaudächer wird ein k-Wert von 0,30 gefordert, wenn bei Instandsetzungen von Bauteilen mehr als 20 Prozent der Fläche betroffen sind. Wird beispielsweise ein Dach neu gedeckt, ist automatisch auch eine Dämmung nötig. Wenn man aber einen bisher ungenutzten Dachboden zu einem heizbaren Wohnraum von mehr als 10 m² ausbauen will, gelten die gleichen Wärmeschutz-Anforderungen wie beim Neubau, nämlich ein k-Wert von 0,22.

Bevor Sie sich für eines der verschiedenen Dämmmaterialien entscheiden, müssen die Gegebenheiten an Ort und Stelle geprüft werden. Wie dick die Dämmschicht zwischen den Sparren sein kann, hängt in erster Linie von der Sparrenhöhe ab. Bei sehr niedrigen Balkenquerschnitten muss man unter Umständen von innen noch eine zusätzliche Dämmschicht einplanen. Dies bedeutet aber einen erhöhten konstruktiven Aufwand und damit auch höhere Kosten.

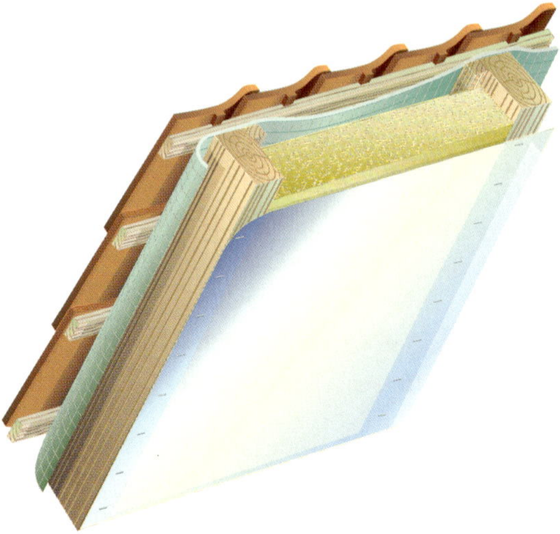

Kaltdach: zwischen Unterspannbahn und Dämmung müssen mindestens 2 cm Luft bleiben. An der Traufe muss Luft eintreten und am First austreten können

Warmdach: Der gesamte Raum zwischen Unterspannbahn oder Dachschalung ist mit Dämmstoff gefüllt. Raumseitig muss eine Dampfbremse eingebaut werden

Die Warmdach-Konstruktion ist mittlerweile Stand der Technik

Immer wieder werden Bauherren und Modernisierer mit der Frage konfrontiert: Warmdach oder Kaltdach? Der Laie wird antworten: Natürlich will ich es warm haben, was soll die unsinnige Frage. Tatsächlich verbergen sich hinter den Bezeichnungen Warm- bzw. Kaltdach zwei unterschiedliche bautechnische Lösungen.

Beim früher allgemein üblichen Kaltdach (Grafik links) bleibt über der Dämmschicht zwischen den Sparren ein Hohlraum von mindesten 2 cm Höhe. Von der Traufe bis zum First kann hier Luft durchströmem und eventuell in die Dämmung eingedrungene Feuchtigkeit abführen.

Beim Warmdach dagegen wird der Raum zwischen den Sparren vollständig mit Dämmung gefüllt. Man spricht daher auch von Sparrenvolldämmung. Die höhere Dämmschichtdicke bringt natürlich bessere k-Werte und damit höhere Energieeinsparung. Damit keine Wasserdampfmoleküle aus der Raumluft in die Dämmung zwischen den Sparren eindringen können, muss beim Warmdach aber eine raumseitige Dampfbremse eingebaut werden. Man benutzt hier spezielle PE-Folien mit besonders hohem Diffusionswiderstand. Einige Dämmstoffhersteller bieten heute komplette Dämmsysteme an, zu denen neben der richtigen Folie auch Klebebänder für die Anschlüsse gehören. Es kommt nämlich nicht nur darauf an, die Schrägen in der Fläche durch Folie abzudichten. Sämtliche seitlichen Anschlüsse müssen absolut winddicht sein. Wo Zugluft eindringt, kann zwangsläufig auch Feuchtigkeit in die Dämmung gelangen.

Bei korrekter Ausführung ist der Warmdachkonstruktion heute eindeutig der Vorzug zu geben. Um die Dämmwerte von Niedrigenergiehäusern oder so genannten Passivhäusern (siehe S. 90) zu erreichen, wird sogar die Kombination mit Untersparrendämmung (siehe S. 84) gewählt.

Klemmfilz

Klemmfilzplatten erfreuen sich aufgrund der leichten Handhabung großer Beliebtheit. Strichmarkierungen sorgen für ein sauberes, verschnittfreies Ablängen

Leichter geht es nicht: Der Klemmfilz wird einfach in die Hohlräume zwischen den Sparren eingesetzt, ohne zusätzlich befestigt werden zu müssen

Styropor-Dämmplatten

Auch Styropor-Dämmplatten bieten Vorteile. An vormarkierten Stellen lassen sie sich von Hand trennen, passgenau zuschneiden muss man aber trotzdem

Bei der Verarbeitung von Styropor-Dämmplatten ist es wichtig, vor der Positionierung des Dämmmaterials Anschlagleisten anzubringen

Polyurethan-Dämmplatten

Für die Bearbeitung von Polyurethan-Platten empfiehlt sich der Einsatz einer Kreissäge. Eine angelegte Schiene sorgt für einen geraden Schnitt

Die Wärmeleitfähigkeitsgruppe (WLG) gibt die Dämmfähigkeit an

Nicht alle Dämmstoffe haben gleiche Dämmwerte. Entsprechend ihrer Fähigkeit, Wärme weiterzuleiten (oder besser: nicht weiterzuleiten) werden die Dämmstoffe in so genannte Wärmeleitfähigkeitsgruppen eingeordnet (siehe S. 7). Die Einteilung reicht von WLG 020 bis WLG 060. Sie ist auf den Produktverpackungen angegeben. Wie beim k-Wert gilt auch hier: Je kleiner der Wert, desto besser dämmt das jeweilige Material.

In der Vergangenheit hat es immer wieder Diskussionen über die Gefährlichkeit von Dämmfasern gegeben, die man bei der Verarbeitung von Mineralwolle einatmet. Mittlerweile stellt die Industrie nur noch solche Fasern her, die garantiert keine Gefahr für die menschliche Lunge darstellen. Wer besonders empfindlich ist, sollte dennoch einen Mundschutz tragen, wenn er Faserdämmstoffe schneidet und einbaut.

Die Hartschaum-Platten lassen sich am besten in die Zwischenräume einfügen, wenn sie in Keilform zugeschnitten und dann gegeneinander gelegt werden

Kleine Zwischenräume lassen sich bei der Verarbeitung von Polyurethan-Platten nicht vermeiden. Die Lücken können Sie mit Hilfe von PU-Schaum schließen

Verarbeitungseigenschaften verschiedener gängiger Dämmstoffe

Am häufigsten werden heute Klemmfilze aus Mineralfaser verarbeitet. Dieses Material wird zu 60% aus Altglas hergestellt. Dazu kommen Sand, Soda und Kalk aus natürlichen Vorkommen. Die Handhabung ist leicht. Außerdem gibt es Klemmfilz in besonders vielen unterschiedlichen Breiten und Dicken. Wichtig: Die großen Klemmfilz-Hersteller bieten Komplettsysteme an, zu denen auch Folien und Klebebänder für die winddichte Verkleidung gehören. Um Juckreiz zu vermeiden, sollte man bei der Verarbeitung Handschuhe und langärmlige Kleidung tragen.

Styropor-Dämmplatten sind relativ steif und lassen sich nicht so gut anpassen wie Fasermatten. An der Innenseite der Sparren bringt man, abgestimmt auf die Dämmschichtdicke, Anschlagleisten an. Dann schiebt man die mit ganz wenig Übermaß zugeschnittenen Platten dazwischen. Mit Dispersionskleber kann man die Platten fixieren. Sind die Sparren verzogen, sollte man Fugen zwischen Dämmung und Balken mit PU-Montageschaum füllen. Da Styropor einen recht hohen Diffusionswiderstand aufweist, reicht eine 0,2 mm dicke Baufolie als Dampfsperre an der Rauminnenseite.

Noch fester als Styropor sind Dämmplatten aus Polyurethan. Sie haben besonders gute Dämmeigenschaften. Man nagelt innen an die Sparren Anschlagleisten im Abstand der Plattenstärke an. Dann schließt die Dämmung später bündig mit den Sparren ab. Fürs Ablängen der Platten eignet sich eine Handkreissäge gut. Die Stichsäge mit ihrer im Vergleich zur schnell rotierenden Kreissäge niedrigen Hubzahl zerfranst das Material im Schnittbereich zu sehr. Um die Platten passgenau einfügen zu können, schneidet man sie keilförmig zu. Die Keile lassen sich beim Einpassen gegeneinander verschieben. Eventuell entstehende Fugen an den Sparren werden zuletzt mit PU-Montageschaum geschlossen.

Dämmkeile

Besonders leicht zu handhaben sind auch vorgefertigte Dämmkeile. Außer einem Messer und einem Brettchen zum Verkeilen sind keine Werkzeuge nötig

Zellulose-Dämmplatten

Die Verarbeitung von Zellulose-Platten gestaltet sich meist etwas schwieriger. Zum Zuschneiden verwendet man am besten einen Fuchsschwanz

Die „Altpapier-Platten" müssen sehr vorsichtig zwischen die Sparren gesetzt werden, weil sie dazu neigen, an den Rändern leicht auszufransen

Matten aus Schafwolle

1

Wer ökologisch völlig unbedenkliches Dämmmaterial wünscht, ist mit Matten aus Schafwolle gut bedient. Das Schneidewerkzeug kann ausgeliehen werden

2

Messen Sie die erforderlichen Bahnenlängen ab, und zeichnen Sie mit Faserstift und Lineal die Linien an, wo Sie die Wolle trennen möchten

Bereits ab Werk keilförmig zugeschnitten gibt es Dämmplatten aus Steinwolle (zu 100% aus Gesteinen hergestellt, mit geringen Anteilen an Binde- und Imprägniermitteln). Man braucht lediglich ein Messer zum Abtrennen der Spitzen und ein Brettchen zum Festdrücken der Keile. Durch Verschieben der Dämmkeile gegeneinander lassen sich praktisch alle Breiten für gängige Sparrenabstände erreichen.

Zellulose-Platten, die aus Altpapier gewonnen werden, lassen sich nicht so leicht verarbeiten. Zum Trennen eignet sich ein Elektrofuchsschwanz mit gegenläufigen Messern am besten. Zum Anpassen der Platten an verschiedene Sparrenabstände sollte man ebenfalls Keile sägen.

Wer ökologische Dämmstoffe bevorzugt, kann heute auch Matten aus Schafwolle einsetzen. Auch bei diesem Material macht die Verarbeitung einige Mühe. Sie lassen sich längst nicht so gut zuschneiden wie Mineralfaser, Steinwolle oder Hartschaum.

Ebenfalls schwierig zu verarbeiten ist Perlite-Dämmschüttung aus dem Sack. Damit das Material zwischen die Sparren geschüttet werden kann, muss zuerst eine feste raumseitige Dampfsperre mit Latten angeschlagen werden. Das anorgani-

3

Mit Schneidewerkzeugen ist dem Material Schurwolle nur schwer beizukommen. Die Reißtechnik eignet sich am besten zum Ablängen der Passstücke

4

Nun werden die Bahnen zwischen die Sparren geklemmt. Damit sie gut halten, sollte man sie in der Breite mit etwa 3 cm Übermaß zuschneiden

sche Material aus thermisch geblähtem Perlit-Gestein lässt sich aber auch maschinell einblasen. Dann kann man die gesamten Sparren – bis auf die Einblasöffnungen vor Beginn der Dämmarbeiten – verschalen.

Im Bereich der Öko-Dämmstoffe werden vereinzelt auch Kork und Kokos-Produkte angeboten. Diese natürlichen Materialien erfordern relativ hohen Aufwand bei der Verarbeitung und sind zudem ziemlich teuer.

Flexible Dämmstoffe sind mit Abstand am verarbeitungsfreundlichsten

Wer auf den Preis achten muss und zudem beim geplanten Dachausbau selbst Hand anlegen will, greift zwangsläufig zu den flexiblen Dämmstoffen, die sich mit wenigen Handgriffen passgenau zuschneiden und zwischen die Sparren stecken lassen. Besonders günstig sind breite Klemmfilze, die man quer zur Rollrichtung entlang vorgezeichneter Linien durchtrennt. Dieses Material passt sich an alle gängigen Sparrenabstände problemlos an. Wichtig ist auch, dass passend zum Dämmstoff die als Dampfsperre nötige Folie, die Klebestreifen sowie spezielle Dichtbänder für den Anschluss der Folie an Mauerwerk oder an Schornsteine angeboten werden.

Perlite-Schüttung

1

Damit das Schüttgranulat nicht verloren geht, muss zunächst für jedes Sparrenfeld Stück für Stück eine Unterkonstruktion angefertigt werden

2

Die raumseitig erforderliche Dampfsperre wird von beiden Seiten abschnittweise hochgezogen und durch Querlatten auf den Sparren unterstützt

3

Sackweise füllen Sie dann die Schüttung zwischen den Sparren ein. Um spätere Absackungen zu vermeiden, wird die Schüttung durch Stochern verdichtet

4

Die vorbereiteten Sparrenfelder immer bis zur letzten Querlatte befüllen. Die Schüttung kann auch maschinell ins abgeschalte Dach eingeblasen werden

Die Praxis des Dachausbaus

Immer mehr Hausbesitzer bauen ihr Dachgeschoss in Eigenleistung aus. Das fachgerechte Dämmen und Verkleiden der Schrägen ist gar nicht schwierig – wie unsere Ausbaubeispiele beweisen

Kaum zu glauben: Die Fotos auf dieser Seite zeigen ein und dasselbe Dachgeschoss vor und nach dem Ausbau. Der früher nur als Rumpelkammer genutzte Boden eines Altbaus aus der Gründerzeit wurde zu einer großzügigen Wohnlandschaft. Dabei hat man die ursprüngliche Form des Dachstuhls erhalten. Die freistehenden Balken geben dem Raum eine besondere Note.

Für die Dämmung zwischen den Sparren wurde Klemmfilz aus Mineralfaser verwendet. Um die Vorgaben der Wärmeschutzverordnung zu erfüllen, hat man die Warmdachvariante gewählt.

Aus einem heruntergekommenen Dachboden wurde ein attraktiver und großzügiger Wohnbereich. Wärmedämmung der Dachflächen ist die wichtigste Voraussetzung für den Dachausbau

Klemmfilz einbauen

Der Klemmfilz wird quer zur Rolle abgetrennt. Man schneidet auf Sparrenabstand plus 2 cm zu. Ein aufgelegtes Brett dient dabei als Führung für das Messer

Das komplette Programm für die Dachdämmung aus einer Hand

Mineralwolle ist der mit Abstand beliebteste Dämmstoff fürs Dach. Erstens ist er relativ preisgünstig, und zweitens führen die namhaften Hersteller das notwendige, aufeinander abgestimmte Dichtmaterial in ihrem Lieferprogramm.

Sie brauchen im Dachgeschoss ein wenig Platz, um die Dämmstoffbahnen zuzuschneiden. Der Zuschnitt mit dem langen Messer erfolgt am besten etwas großzügig, sodass das Material an den Rändern ein wenig zusammengedrückt werden muss, um es zwischen die Sparren zu klemmen. Die Bahnen sind dann sicher fixiert. Arbeiten Sie sich von unten, das heißt von der Fußpfette oder vom Drempel aus, nach oben vor. Es ist ratsam, für jede einzelne Bahn den jeweiligen Abstand der Sparren nachzumessen, da dieser variieren kann. Verlaufen die Sparren, beispielsweise im Dacheckbereich, schräg zueinander, sind für den Zuschnitt

Der Sparrenzwischenraum wird bei der Warmdachvariante voll ausgenutzt: Die Dicke des gewählten Klemmfilzes entspricht genau der Sparrenhöhe

Sind alle Sparrenfelder mit Dämmung ausgefüllt, wird auf der Innenseite der Schrägen die als Dampfbremse erforderliche Spezialfolie aufgetackert

der Bahn ohnehin mehrere Messungen notwendig. Firstbalken und Pfetten sind in der Regel schwer zugänglich. Verwenden Sie möglichst große Reststücke, damit die Hohlräume hinter diesen tragenden Bauteilen vollständig mit Dämmmaterial ausgestopft werden.

Die als Dampfsperre dienende Folie muss winddicht verklebt werden

Danach wird die Dampfsperre angebracht. Dabei ist besonders sorgfältiges Arbeiten notwendig, damit nicht später im Wohnraum entstehende Feuchtigkeit in die Wärmedämmung eindringen kann. Die Dampfsperre besteht aus einer Folie, die nicht stramm, sondern leicht durchhängend verlegt werden muss. Verwenden Sie nur eine vom Dämmstoffhersteller empfohlene Spezialfolie, die genau den bauphysikalisch notwendigen Duffusionswiderstand aufweist. Etwa 3 cm Überstand sind laut Hersteller ausreichend, damit die Folie an der Randbefestigung nicht ausreißt. Am einfachsten ist die Verlegung durchzuführen, wenn von oben nach unten gearbeitet wird. Es ist darauf zu achten, dass oben und unten für die Anschlüsse an First- und Fußpfette jeweils 10 cm der Folie überstehen.

Nachdem Sie die als Dampfbremse dienende Folie zugeschnitten haben, wird sie in Abständen von ca. 20 cm an den Sparren festgetackert. Zum Befestigen der nächsten Folienbahn ist darauf zu achten, dass die beiden Bahnen 10 cm überlappen, denn dort werden die Folien mit einem doppelseitigen Klebeband luftdicht miteinander verklebt. Luftdichtheit ist auch in den Anschlüssen zu anderen Bauteilen zu gewährleisten – beispielsweise an Pfetten, Giebeln, Schornsteinen oder Dachfenstern. Dazu muss die Folie wieder mit dem doppelseitigen Klebeband an das jeweilige Bauteil angeklebt werden. Und für ihren Halt wird eine gehobelte Dachlatte entweder auf den Randsparren oder das betreffende Bauteil geschraubt. Abschließend schneiden Sie die überhängende Folie bündig an der Dachlatte ab.

Dampfsperre winddicht verkleben

1 *Nachdem die Folie aufgetackert ist – hier wurde eine durchsichtige Folie gewählt, bei der man die Sparren besser sieht –, bringt man des Klebeband auf*

2 *Das doppelseitig klebende Band wird fest angerieben. Dann ziehen Sie die Schutzfolie ab. Die nächste Folienbahn kann nun auf die Klebefläche gedrückt werden*

Im Anschlussbereich zum Giebel kommt ein spezielles Dichtband zum Einsatz. Man klebt es genau neben dem letzten Sparren auf die dort überstehende Folie

Nun setzt man eine gehobelte Dachlatte in den Winkel zwischen Dachschräge und Giebelwand. Die durchhängende Folie wird dabei stramm gezogen

Die Dachlatte wird fest in den Winkel gedrückt und gleichzeitig mit Spanplattenschrauben am Sparren befestigt. Nun ist der Rand winddicht verschlossen

Zuletzt schneiden Sie die überstehende Folie entlang der Dachlatte mit einem scharfen Cuttermesser ab. Folienreste können übrigens recycelt werden

An der Firstpfette des Dachstuhls verfährt man nach dem gleichen Muster: Auch hier wird das Dichtband direkt neben der Dämmung auf die Folie geklebt

Wieder setzt man eine Dachlatte in den Winkel, zieht damit die Folie stramm und verschraubt die Latte anschließend an der Balkenkonstruktion

Im Bereich der Fußpfette bringen Sie ebenfalls das zum Ausbausystem des Dämmstoffherstellers gehörende Dichtband an. Hier direkt auf dem Balken

Die angeschraubnte Dachlatte drückt die Folie dann fest auf das Dichtband. Es kann keine Raumluft in die Dämmkonstruktion der Schräge eindringen

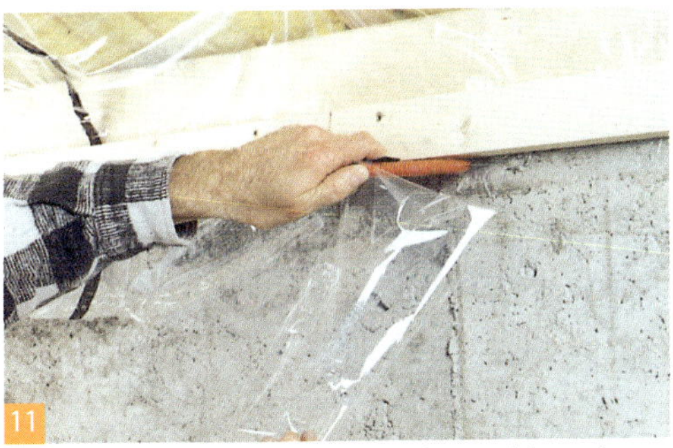

Die überstehende Folie unterhalb der Dachlatte danach sauber abschneiden und entsorgen. Im nächsten Arbeitsschritt geht es ans Abdichten der Dachfenster

Im Bereich der Dachflächenfenster spannt man die Folie zunächst über die Fensteröffnungen und befestigt sie ganz normal. Dann wird sie eingeschnitten

Man zieht die Folie seitlich in die Laibungen hinein bis an den mit Klebeband versehenen Rahmen. Dann wird doppelseitiges Klebeband in die Ecken gedrückt

Ein passend zugeschnittener Folienstreifen wird nun oberhalb und unterhalb des Fensters mit Klebeband angesetzt und überlappend in der Laibung verklebt

Gipskartonplatten anbringen

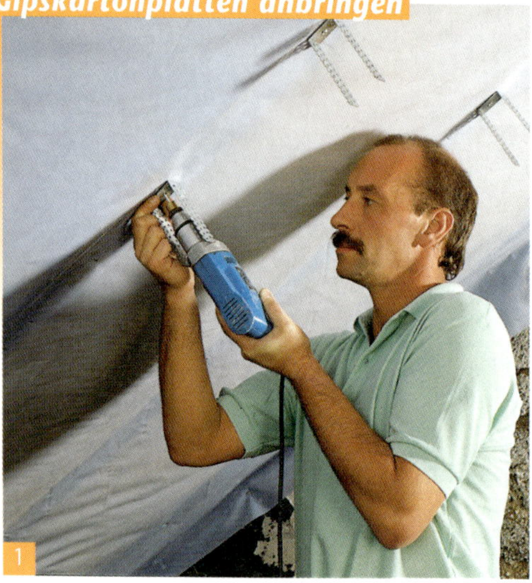

So genannte Direktabhänger erleichtern das Ausrichten der Lattung für die Innenbekleidung der Dachschrägen. Man schraubt sie direkt auf die Sparren

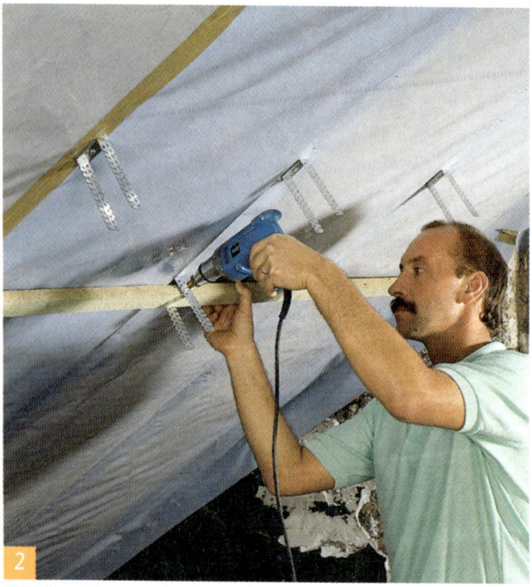

Die Dachlatten der Unterkonstruktion werden ausgerichtet und mit Schnellbauschrauben an den Direktabhängern befestigt. Dann das Lochband umbiegen

Die 12,5 mm dicken Gipskartonplatten im handlichen Format von 125 x 90 cm werden im Verband – das heißt ohne Kreuzfugen – angebracht

Alle 10 cm wird eine Schnellbauschraube in die Lattung gedreht. Zuletzt müssen Sie die Fugen zwischen den Platten und die Schraublöcher verspachteln

Eine Lattenkonstruktion bildet den Unterbau für die Verkleidung der Schrägen

Die Unterseite der Dachsparren verläuft selten genau in einer Flucht. Halten Sie zur Kontrolle eine gerade Alulatte in verschiedene Richtungen unter die Sparrenlage. Um die Dachlatten der Unterkonstruktion auszurichten, können Sie mit Holzkeilen oder Distanzklötzchen arbeiten. Leichter geht es aber mit U-förmigen Direktabhängern, in denen man die Latten ausrichtet und dann seitlich verschraubt.

Der Lattenabstand ist so zu wählen, dass einerseits das jeweilige Plattenende auf der Mitte einer Latte liegt und andererseits der Abstand der Latten untereinander nicht größer als 50 cm ist. Sie beginnen in der Dachspitze. Im Rasterabstand der Plattenhöhe (hier 125 cm) montieren Sie die zweite waagerechte Lattenreihe in der gleichen Weise. Anschließend werden die Latten dazwischen unter Zuhilfenahme der Richtlatte ausgeglichen und festgeschraubt. Das abschließende Beplanken der Konstruktion ist nun kein Problem mehr.

Für die Arbeit im Dachgeschoss haben sich besonders die Kleinformate von 90 x 125 cm bzw. von 100 x 150 cm als günstig erwiesen. Im Gegensatz zu großformatigen Platten sind sie leichter ins Dachgeschoss zu transportieren und können auch von einer einzelnen Person verarbeitet werden. Ist jedoch ein geräumiges Treppenhaus für den Transport vorhanden und steht ein Helfer zur Verfügung, sollten Sie große Elemente verarbeiten, sie verkürzen die Montagezeit und verringern den Aufwand an Spachtelarbeiten. Um Gipskartonplatten mit einer Dicke bis zu 12,5 mm zurechtzuschneiden, ist ein scharfes Teppichmesser ausreichend. Es wird entlang einer Metallschiene geführt. Anschließend brechen Sie den Schnitt über einer Kante vorsichtig durch. Nach dem Befestigen der Platten brauchen Sie nur noch Fugen und Schraublöcher zu spachteln, dann kann gestrichen oder tapeziert werden.

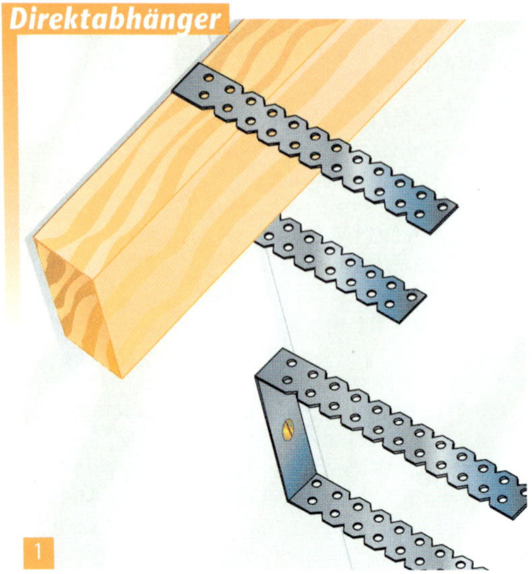

1

Die bereits auf Seite 82 gezeigten Direktabhänger lassen sich auch für die Montage einer zusätzlichen Untersparrendämmung benutzen

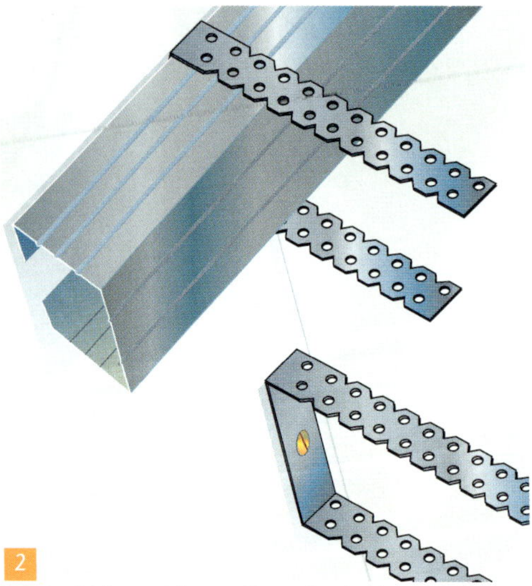

2

Direktabhänger können Sie auch mit Metallprofilen statt Latten kombinieren. Die Metallprofile haben den Vorteil, dass sie stets absolut gerade sind

Wenn die Sparrendämmung nicht ausreicht: Zusatzdämmung unter den Sparren

Nachdem Sie die Zwischensparrendämmung eingebracht haben, sind die Möglichkeiten unterschiedlicher Wärmeschutzmaßnahmen noch nicht erschöpft. Durch den Einsatz des bereits vorgestellten Direktabhäng-Systems können Sie eine zusätzliche Dämmlage einbauen: die Untersparrendämmung. An den U-förmig gebogenen Metallprofilen, welche die Aufgabe haben, die Dämmplatten zu fixieren, kann auch die Unterkonstruktion befestigt werden.

Eine zusätzliche Wärmeschutzmaßnahme ist oft erforderlich, wenn Sie in den Genuss von Fördermitteln kommen möchten. Reicht nämlich die vorhandene Sparrenstärke nicht aus, um dazwischen die erforderliche Dämmstoffdicke einzubringen, kann auch der vom Gesetzgeber geforderte k-Wert nicht nachgewiesen werden. Aber mit einem Direktabhäng-System können Sie die Zusatzdämmung ohne das sonst übliche Aufdoppeln der Sparren vornehmen.

Unabhängig von zu erwartenden Fördermitteln ist eine Zusatzdämmung unter den Sparren oft allein deshalb zu empfehlen, weil sie die Wohnqualität entscheidend verbessern kann. Dies wird deutlich, wenn man bedenkt, dass 2 cm Mineralwolle die gleiche Wärmedämmwirkung besitzen wie eine 95 cm dicke Betonwand. Daher wird das Direktabhäng-System auch häufig bei der Modernisierung von unzureichend gedämmten Dachgeschossen angewendet. Ohne großen Aufwand kann die neue zusätzliche Dämmschicht auf den tapezierten Gipskarton- oder Gipsfaserplatten befestigt werden. Dazu müssen Sie die überstehenden Schenkel der U-förmigen Metallprofile nach dem Verschrauben der Lattung einfach zur Seite umbiegen. Das Aufspüren der Sparren bzw. der alten Lattung, an denen die Metallprofile angeschraubt werden sollen, ist dabei das größte Problem. Es kann aber durch verschiedene Testbohrungen schnell gelöst werden.

Untersparrendämmung

1 So wird eine Untersparrendämmung aufgebaut: Zuerst schrauben Sie Direktabhänger im Rasterabstand der vorgesehenen Lattung auf die Sparren

2 Die steifen Mineralfaserdämmplatten der Untersparrendämmung werden nun auf der gesamten Fläche durch die Schenkel der Direktabhänger gedrückt

3 Die hier als Unterkonstruktion der Beplankung gewählten Profile legt man zwischen die Schenkel der Abhänger und verschraubt sie seitlich

4 Zwischen die Profile kann noch eine weitere Lage Dämmplatten eingebaut werden. Dann knicken Sie die Schenkel um und schrauben die Gipsplatten auf

Nachträgliche Zusatzdämmung

Ein bereits ausgebautes Dach zusätzlich dämmen: Man schraubt die Abhänger durch die Beplankung in die alte Unterkonstruktion und steckt dann Dämmplatten auf

Anschließend legen Sie die Profile für die neue Unterkonstruktion ein, verschrauben sie und bringen zuletzt die neue Beplankung mit Gipskartonplatten an

Es stellt sich hier natürlich die Frage, ob die Untersparrendämmung mit einer zusätzlichen Folie auf der Rauminnenseite als Dampfsperre abgedeckt werden muss. Dies hängt von den jeweiligen bauphysikalischen Gegebenheiten vor Ort ab und muss von einem Fachmann bewertet werden. Als Grundregel gilt jedoch, dass auf eine Dampfsperre verzichtet werden kann, wenn die Dicke der Untersparrendämmung weniger als 20 Prozent der Gesamtdämmdicke ausmacht.

Neben den Möglichkeiten der Befestigung der Zusatzdämmung stellt sich bei der Verwendung dieses Systems ein weiterer positiver Effekt ein: Die für die spätere Beplankung notwendige Lattenkonstruktion kann stufenlos in verschiedenen Positionen befestigt werden. Dies ist möglich, da die Schenkel der U-förmig gebogenen Metallprofile durchgehend gelocht sind. Mit Hilfe einer solch exakten Ausrichtung der Latten können Unebenheiten der Sparrenlage von mehreren Zentimetern ausgeglichen werden. Die Arbeit mit Holzkeilen und Distanzklötzchen ist somit passé.

Als „Lattung" können Sie auch – wie auf den Abbildungen zu erkennen – spezielle Metallprofile verwenden. Es gibt sie im Baumarkt oder Baufachhandel. Sie sind zwar etwas teurer, aber im Gegensatz zu Holzlatten garantiert gerade, was die Justierarbeiten erheblich vereinfacht.

Bei einem nur geringen Raumverlust bringt die Zusatzdämmung eine spürbare Einsparung an Heizenergie und verbessert zudem den Schallschutz

Giebelwände im Dachgeschoss dämmen

Außer Schrägen und Drempeln müssen beim Dachausbau meist auch die Giebelwände zusätzlich gedämmt werden. Die erforderliche Dämmung lässt sich dann als so genannte Vorsatzschale realisieren. Ähnlich wie beim Dämmen der Schrägen wird zunächst eine ausgleichende Unterkonstruktion angeschraubt. Zwischen den Latten oder Profilen füllen Sie den Raum mit Dämmmaterial, anschließend bringen Sie eine Folie als Dampfsperre auf und schrauben zuletzt Gipskartonplatten auf die Lattung.

An den Giebelwänden können Sie Verbund-Gipskartonplatten, die eine Rückseite aus Hartschaum besitzen, auch mit Ansetzgips direkt auf die Wand kleben, statt sie an einer aufwendig hergerichteten Unterkonstruktion zu verschrauben. Diese Platten werden mit Dämmstoffdicken von 20 bis 80 mm hergestellt. Der Ansetzgips gleicht kleinere Unebenheiten der Wand aus.

Wenn Giebelflächen bei der Dämmung der Schrägen mit gedämmt werden sollen, können Sie Metallprofile anbringen und Dämmplatten dazwischenstellen

Verbundplatten ankleben

1

Alternativ kann man Platten mit Hartschaumrücken direkt aufs Mauerwerk kleben. Der Ansetzgips wird in mehreren Batzen auf die Plattenrückseite gegeben

2

Die Platten werden angedrückt und mit Hilfe von Richtlatte und Wasserwaage ausgerichtet. Dabei sind Kreuzfugen zwischen den Platten zu vermeiden

Gesamtkonzepte

zum Einsparen von Energie

Die Energiesparverordnung (EnVO) will die Niedrigenergie-Bauweise zum allgemeinen Standard machen. Und mit dem Passivhaus, das so gut wie keine Heizenergie mehr benötigt, geht die Entwicklung noch einen Schritt weiter. Dahinter stehen intelligente Gesamtkonzepte von Architektur, Wärmedämmung und Heiztechnik

Häuser sollen künftig so gebaut werden, dass sie nicht mehr als 40 bis 75 kWh pro Quadratmeter Wohnfläche an Heizenergie verbrauchen. Dies entspricht etwa 4 bis 7,5 Litern Heizöl oder Kubikmetern Gas. Ein Wohnhaus mit 100 Quadratmetern Wohnfläche wird also bei Niedrigenergie-Bauweise im günstigen Fall mit nur 400 Litern Öl durch eine Heizperiode kommen. Die Tabelle rechts unten macht deutlich, was dieser Sprung beim Energiesparen bedeutet. Sie zeigt, wie groß die „energetische Lücke" zwischen dem Gebäudebestand und dem angestrebten Niedrigenergie-Niveau ist und was man als Hausbesitzer an Heizkosten einsparen kann.

Die Mehrkosten amortisieren sich schnell

Die Mehrkosten für Häuser mit Niedrigenergie-Standard liegen heute – bezogen auf die Gesamtbaukosten – nur unwesentlich über denen für Häuser, die exakt den gesetzlichen Mindestanforderungen an den Wärmeschutz genügen. In der Regel kommt man mit einschaligen Wänden, die nur aus einem homogenen Baustoff bestehen, ohnehin nicht mehr aus. Die tragenden Wände bekommen also eine Zusatzdämmung – meist hinter einer Klinkerfassade, mehr und mehr jedoch auch als Wärmedämm-Verbundsystem (siehe Seite 35). In beiden Fällen bleibt der konstruktive Aufwand im Wesentlichen der gleiche, wenn man die Dämmplatten statt nur 6 oder 8 cm gleich 10 cm stark oder noch stärker macht. Eigentlich erhöhen sich nur die Materialkosten. Und wer hier mit dem spitzen Bleistift rechnet, wird feststellen, dass sich die Investitionen von ein paar tausend Euro bei stetig steigenden Energiepreisen schnell amortisiert haben.

Dazu kommt, dass sich durch die Verbesserung der Wärmedämmung auch der Wohnkomfort erhöht. Bei massiv gebauten Häusern mit dämmender Außenhülle erwärmen sich die massiven Teile im Inneren um so stärker, je weniger Wärme sie nach außen abstrahlen können. Man fühlt sich in solchen Häusren wohl, weil es zwischen der Raumluft und den umschließenden Wänden nur ein sehr geringes Temperaturgefälle gibt. Je weniger Wärme die Heizungsanlage in einem überdurchschnittlich gedämmten Haus kontinuierlich nachliefern muss, desto niedriger liegen die Temperaturen der Heizkörper bzw. der Fußbodenheizung. In der Folge wird weniger Staub durch Konvektion aufgewirbelt. Auch Probleme mit

HEIZENERGIEVERBRAUCH

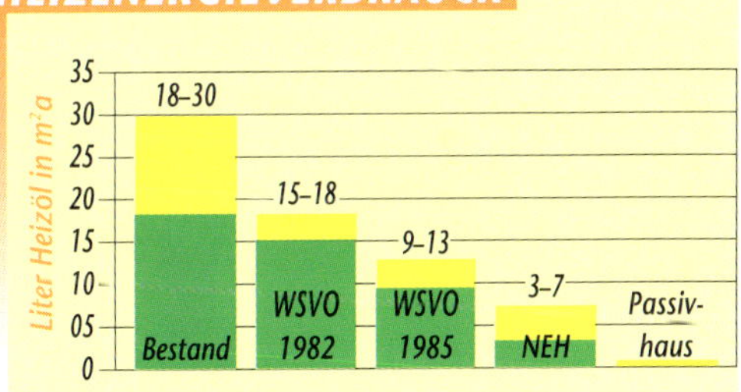

Der durchschnittliche Verbrauch liegt immer noch zwischen 18 und 30 Liter Heizöl/m². nach den Wärmeschutzverordnungen von 1982 und 1995 setzt das Niedrigenergiehaus (NEH) neue Maßstäbe. Noch mehr Energie spart das Passivhaus

Passivhäuser müssen hochdämmende Außenwände besitzen. Solche Schalungselemente aus Hartschaum liefern k-Werte bis 0,11 bei 43 cm Wandstärke

kondensierender Luftfeuchtigkeit und die gefürchtete Schimmelbildung hinter Schränken und in Raumecken sind in optimal gedämmten Häusern überhaupt kein Thema.

Das Passivhaus: Der Heizenergiebedarf geht gegen Null

Wenn man das Konzept des Niedrigenergiehauses konsequent weiterentwickelt, also die Wärmedämmung bei noch vertretbaren Wandstärken weiter optimiert, kommt man schließlich zu Häusern, die so gut wie keine Heizenergie mehr brauchen. Beim so genannten Passivhaus werden aber nicht nur die Wärmeverluste minimiert, sondern auch die passiven Wärmegewinne optimiert. An erster Stelle steht hier der Wärmegewinn durch

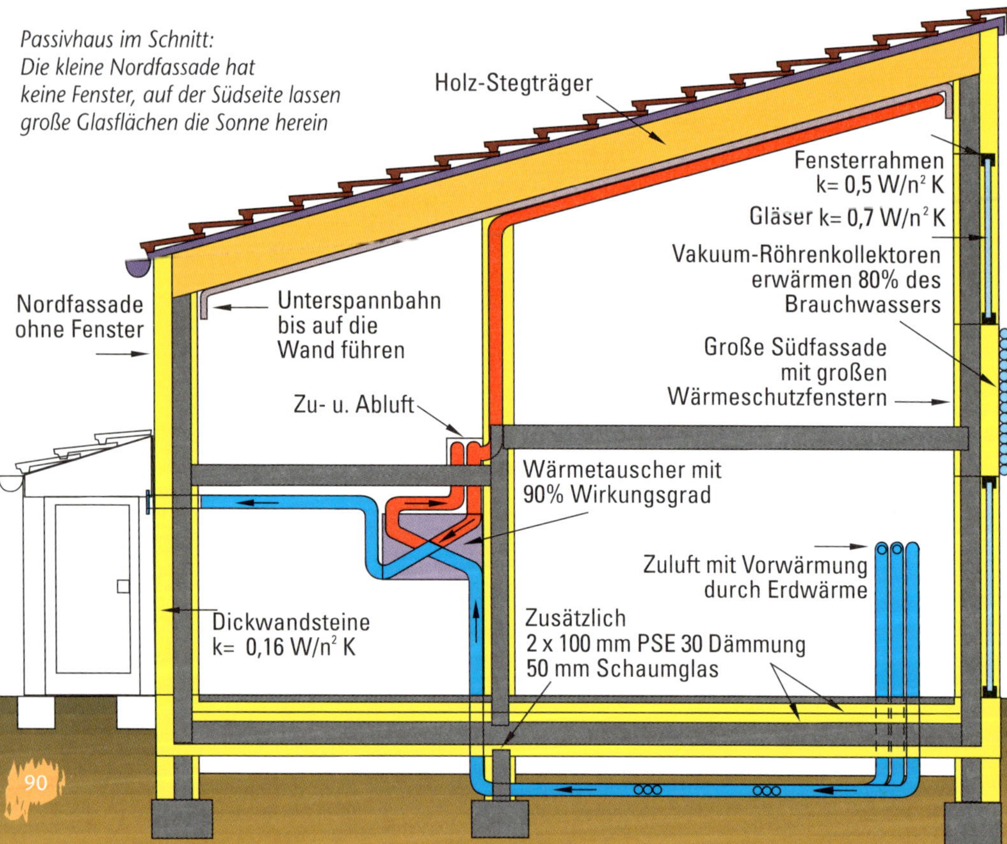

Passivhaus im Schnitt: Die kleine Nordfassade hat keine Fenster, auf der Südseite lassen große Glasflächen die Sonne herein

Sonneneinstrahlung. Wird ein Haus mit seinen Hauptfensterflächen nach Süden ausgerichtet, fängt es selbst im tiefsten Winter eine beträchtliche Menge an kostenloser Wärme ein. Voraussetzung dafür sind große Glasflächen aus Wärmeschutzglas, das die Sonne hereinlässt, die Wärmestrahlung dann aber an der Innenseite der Fenster reflektiert. Damit solche Fensterfronten im Sommer nicht zu stark aufgeheizt werden, braucht man unter Umständen Schattierungseinrichtungen. Sehr nützlich sind auch große Dachüberstände, die bei hoch stehender Sommersonne Schatten auf die Fassade werfen, die ziemlich tief stehende Wintersonne jedoch unbehindert einfallen lassen. Nebengebäude oder immergrüne Bäume, die im Winter den Sonneneinfall behindern, sind bei Passivhäusern zu vermeiden.

Als weitere kostenlose Wärmequelle schlägt die Abwärme elektrischer Geräte zu Buche. Selbst die Wärme, die von den Bewohnern an die Raumluft abgegeben wird, kann in die Energiebilanz mit einberechnet werden. Damit nun die warme Raumluft beim unerlässlichen Lüften des Hauses nicht verloren geht, werden in Passivhäusern Anlagen zur kontrollierten Lüftung installiert (siehe Seite 93). Diese Technik sorgt nicht nur für einen nach wohnmedizinischen Gesichtspunkten optimalen Austausch der Raumluft, sie gewinnt auch Wärme zurück. Über einen Wärmetauscher wird der nach außen strömenden Luft Wärme entzogen und gleichzeitig der Frischluft zugeführt.

Häufig kombiniert man die kontrollierte Lüftung dann noch mit Wärmepumpen oder Solartechnik, um völlig auf das Verbrennen von Öl oder Gas verzichten zu können. Die Zeichnung links zeigt ein Passivhaus im Schnitt. Seine Fensterfront ist nach Süden gerichtet, die Nordseite besitzt überhaupt keine Glasflächen. Wände, Dach und Fenster weisen optimale k-Werte auf, eine Anlage zur kontrollierten Lüftung mit Wärmetauscher entzieht der Abluft Energie, und der verbleibende Heizenergiebedarf wird durch Solarkollektoren und Erdwärme gedeckt.

Große nach Süden gerichtete Fensterflächen sorgen bei diesem Haus für passiven Energiegewinn. Solartechnik liefert zudem kostenlose Wärme und Strom

Der Wandaufbau des obigen Hauses im Schnitt: Zwei Dämmschichten aus Mineralfaser reduzieren die Transmissionswärmeverluste auf ein Minimum

Ein Gasbrennwertkessel mit Gasgebläsebrenner. Kessel mit Brennwerttechnik nutzen die im Brennstoff enthaltene Energie fast zu 100% aus

Solarkollektoren auf geneigten Dächern fangen kostenlose Sonnenergie ein. Während der sonnenarmen Heizperiode ist die Energieausbeute aber eher gering

Zu energiesparenden Gesamtkonzepten gehört auch zeitgemäße Heiztechnik

Aus dem gleichen Grund, aus dem die Wärmeschutzverordnungen erlassen wurden, verlangt der Gesetzgeber auch energiesparende Heizkessel. Alte Heizkessel, die den geltenden Anforderungen nicht mehr genügen, müssen ausgetauscht werden, und für neue Heiztechnik gelten wesentlich schärfere Vorgaben, was die Energieausbeute und die Umweltbelastungen durch Abgase angeht.

Seit etwa 15 Jahren werden beim Kesselbau neue, korrosionsbeständige Werkstoffe eingesetzt, die niedrigere Kesseltemperaturen als früher erlauben. In Verbindung mit wärmedämmenden Verkleidungen werden so die Abstrahlverluste reduziert. Das Kesselwasser fließt jetzt mit maximal 55 °C (früher 70–90 °C) in den Heizkreislauf. Auch die Abgastemperaturen konnten gesenkt werden. In Verbindung mit Fußbodenheizungen oder Spezialheizkörpern für niedrige Vorlauftemperaturen arbeiten solche Kessel sehr wirtschaftlich.

Die Einführung der so genannten Brennwerttechnik hat dann einen zusätzlichen Energiespareffekt gebracht. Brennwertkessel nutzen die Energie, die bei konventioneller Heiztechnik mit dem in den Abgasen enthaltenen Wasserdampf nach draußen entweicht. Man kann damit den Brennstoffverbrauch nochmals um mehr als 10% senken. Brennwerttechnik hat allerdings ihren Preis. Die Kessel sind deutlich teurer als konventionelle.

Auch aus der Umwelt lässt sich Heizenergie gewinnen. Mit Solartechnik und Wärmepumpen können Sie völlig kostenlose Energiequellen anzapfen. Ein wichtiger Nachteil vor allem der Solarenergie liegt allerdings darin, dass gerade dann, wenn der Heizenergiebedarf am größten ist, das natürliche Angebot am geringsten ist. Der technische Aufwand gerät vor diesem Hintergrund dann im Verhältnis zum Nutzen sehr schnell in absolut unwirtschaftliche Dimensionen.

Die bereits unter dem Stichwort „Passivhaus" angesprochene kontrollierte Lüftung ist eine Technik, die in den skandinavischen Ländern, die beim Energiesparen ohnehin eine Vorreiterrolle spielen, schon seit vielen Jahren weit verbreitet ist. Durch ein Rohrsystem wird dabei die verbrauchte Luft aus Küche, Bad, Toilette und Schlafzimmer abgeführt und im Gegenzug Frischluft in den Wohnbereich hineingebracht. Die Fenster müssen bei einer solchen Anlage möglichst dicht schließen. Ein Wärmetauscher als Herzstück des Systems schafft das Kunststück, der verbrauchten Abluft ihre Wärme fast ganz zu entziehen und gleichzeitig der Frischluft hinzuzufügen. Auf diese Weise wird der Lüftungswärmeverlust minimiert. Umso geringer ist dann der verbleibende Heizenergiebedarf des Hauses.

Kompaktes Zentralgerät für die kontrollierte Lüftung. Herzstück ist ein Wärmetauscher, der der Abluft wertvolle Wärme entzieht und der Frischluft zuführt

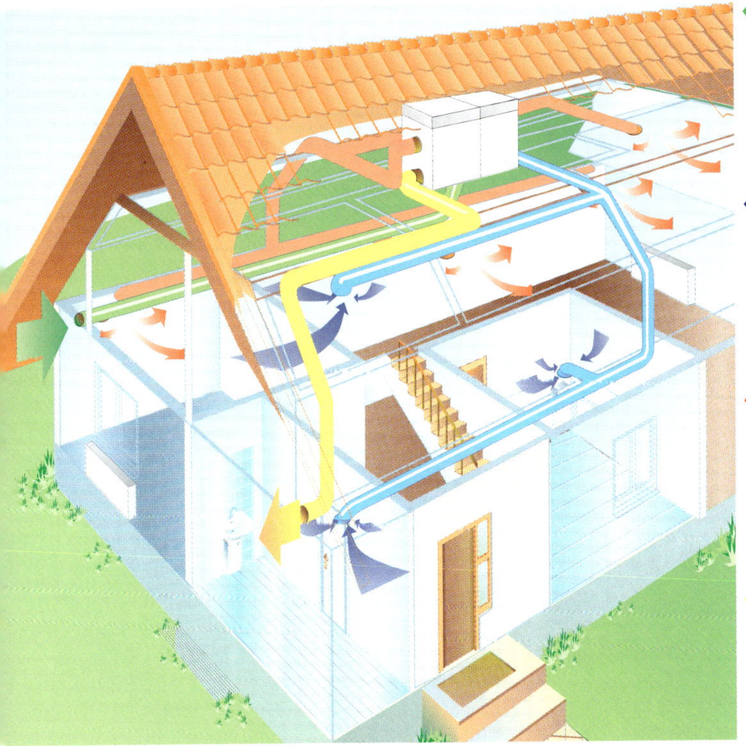

Frischluft wird als Ersatz für die verbrauchte Raumluft von draußen angesaugt. Ein Filter schützt die Bewohner vor Staub und Pollen

Die verbrauchte Warmluft aus Bad, Küche und Schlafzimmer gibt ihre Energie im Kreuzwärmetauscher an die herangeführte Frischluft ab

Saubere Frischluft mit der am Steuerteil der Anlage vorgewählten Temperatur strömt in den Wohnbereich. Im Sommer lässt sich die Kühlfunktion nutzen

Verbrauchte Abluft verlässt die Lüftungsanlage, doch ihre Wärme wird aufgefangen. Die teure Energie bleibt weitgehend im System

Als Bauherr sollte man sich in Sachen Wärmedämmung ausführlich beraten lassen. Viele Bauträger und Fertighaushersteller bieten auch Niedrigenergiehäuser an

Gerade bei Fertighäusern lässt sich der Dämmstandard relativ leicht anheben. Das hier gezeigte Haus hat bereits Niedrigenergiehaus-Werte

Grundsätze der wirtschaftlichen Planung energiesparender Häuser

Als privater Bauherr oder als Modernisierer eines Althauses sollte man in Sachen Wärmedämmung eher mehr tun, als der Gesetzgeber schon heute vorschreibt. Wie bereits angesprochen, amortisieren sich diese Investitionen relativ schnell. So liegen die Gesamtbaukosten bei Niedrigenergiehäusern um 2–3% höher als bei konventioneller Bauweise, was ungefähr 3000 bis 5000 Euro ausmacht. Bei 120 m^2 Wohnfläche spart man aber bereits 360 Liter Öl oder 360 m^3 Gas ein. Außerdem zahlt der Staat für Niedrigenergiehäuser, deren Heizwärmebedarf 25% unter den Anforderungen der noch geltenden Wärmeschutzverordnung liegt, acht Jahre lang einen Zuschuss.

Außerdem können auch zinsvergünstigte Darlehen der Staatlichen Kreditanstalt für Wiederaufbau und der deutschen Ausgleichsbank in Anspruch genommen werden. Zudem werden verschiedene Maßnahmen zur Energieeinsparung durch steuerliche Abschreibungsmöglichkeiten gefördert. Anträge für Fördermittel müssen in der Regel vor Baubeginn gestellt werden. Auskünfte geben Banken, Sparkassen, Bausparkassen, Energieversorgungsunternehmen, Bauämter und Verbraucherberatungsstellen.

Bei allem Interesse, Heizkosten zu sparen und die Umwelt zu schonen, sollte man allerdings auf die Verhältnismäßigkeit der einschlägigen Maßnahmen achten. So bringt ein Mehr an Wärmedämmung gegenüber dem Niedrigenergiehausstandard nicht mehr sehr viel Nutzen, zumal dickere Wände auch mit dem Verlust teurer Wohnfläche erkauft werden müssen.

Am Anfang der Planung eines energiesparenden Wohnhauses steht die Entscheidung für den Haustyp. Freistehende Häuser verursachen zwangsläufig höhere Heizkosten als Doppelhäuser oder gar Reihenhäuser, bei denen die Außenwandflächen nur noch sehr klein sind.

Die Ausrichtung des Hauses nach Süden bringt passive Energiegewinne durch Nutzung der Sonneneinstrahlung. Was das Thema kontrollierte Lüftung (Seite 93) angeht, muss man aber schon sehr genau überlegen, ob man seine Lebensgewohnheiten dieser Energiespar-Technik unterordnen will. Schließlich müssen die Fenster nach Möglichkeit geschlossen bleiben.

Und was die Heiztechnik betrifft: Lassen Sie sich nicht durch so genannte Fachleute dazu verführen, mit Kanonen auf Spatzen zu schießen! Beim Heizenergiebedarf eines Niedrigenergiehauses kann man eigentlich ruhigen Gewissens eine einfache Heiztherme installieren statt eines 2000 bis 3000 Euro teureren Brennwertkessels. Bei dessen um 10% besseren Wirkungsgrad sparen Sie im Jahr bei einem Verbrauch von 400 bis 500 m³ Erdgas weniger als 20 Euro pro Jahr ein. Diesen Betrag kostet schon die Wartung des Brennwertkessels mehr. Von einer Amortisation des teuren Kessels ganz zu schweigen.

Die bereits angesprochene kostenlose Sonnenenergie ist bei kritischer Betrachtung auch längst nicht so attraktiv, wie viele Befürworter der Solartechnik behaupten. Vor dem Hintergrund eines bei gut gedämmten Häusern ohnehin niedrigen Heizenergiebedarfs kann eine im Winter wenig effektive Solaranlage die Heizkosten nur noch geringfügig weiter senken. Dem steht aber die Investition für die Anlage entgegen, die zusätzlich zur konventionellen Heizung angeschafft werden muss. Und was unterm Strich tatsächlich an fossiler Energie eingespart wird, muss in einer ehrlichen Ökobilanz den Umweltbelastungen durch Herstellung, Wartung und Entsorgung der Solaranlage gegenübergestellt werden. Selbst bei der Brauchwassererwärmung schneiden Solaranlagen schlecht ab, wenn man ihre Investitionskosten zu denen des konventionellen Kessels, den man ja auch für Schlechtwetterperioden braucht, addiert. Bei kurzen Leitungswegen und geringem Verbrauch können sogar moderne Durchlauferhitzer günstiger sein als Solaranlagen.

Reihenhäuser sorgen durch eine Verringerung der Außenwände und damit der Transmissionswärmeverluste für niedrigere Heizkosten als freistehende Häuser

Dämmschichtstärken, die bereits heute dem Niedrigenergiehaus-Standard genügen, kosten nur unwesentlich mehr als die ohnehin geforderte Lösung

selbst ist der Mann

In dieser Reihe sind bisher erschienen:

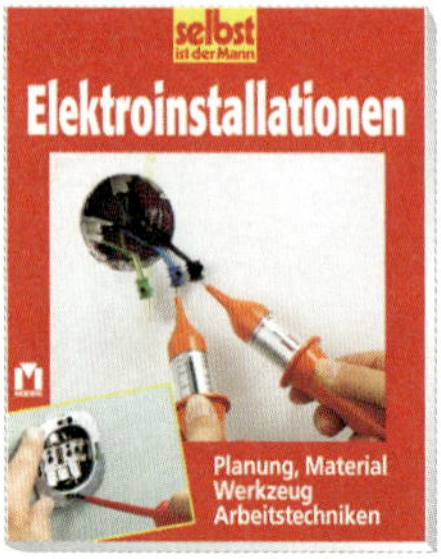

ISBN 3-8118-1680-2

ISBN 3-8118-1681-0

ISBN 3-8118-1682-9

ISBN 3-8118-1683-7

ISBN 3-8118-1684-5

ISBN 3-8118-1685-3

ISBN 3-8118-1726-4

ISBN 3-8118-1729-9

ISBN 3-8118-1727-2

ISBN 3-8118-1728-0

Jeder Band mit 96 Seiten, zahlreichen Farbfotos und ausführlichen Anleitungen.